優秀な証券マンがIFAに転身するワケ

株式会社クラウドファンディング代表取締役
元・野村證券トップセールス
伊東 修

Independent
Financial
Advisor

近代セールス社

はじめに

今、ある仕事が、時代遅れのシステムで凝り固まった日本の金融業界を、真っ向から塗り替えようとしています。その仕事とは「ＩＦＡ（Independent Financial Advisor）」。日本語では「独立系ファイナンシャルアドバイザー」といいますが、これは証券会社など既存の金融機関に属することなく、投資や資産形成のアドバイスを行なう職業です。

業務内容は、既存の証券会社の営業マンとほぼ同じですが、証券会社に雇われているわけではないことから、**いわゆるノルマのようなものに縛られることなく、自分が本当にいいと思う金融商品をお客様にご提案することができる**といった、高い自由度を特徴としています。

さらにはその自由度ゆえに、これまでは珍しかった他業種との兼業や、従来のものよりもお客様に寄り添った営業手法を取り入れることも可能であり、この不確実な時世において、お客様が一から十まで頼ることができるような**ワンストップ性を有した、「真の金融総合サービス業」**と呼べる仕事なのです。

私はこの仕事を、日本の金融業界の未来を牽引していく素晴らしい仕事だと思っています。現に、日本よりも20年進んでいると言われるアメリカの金融業界においては、すでにＩＦＡが大手証券会社をしのぐ勢力を獲得する大変革が起こっており、社会全体におけるＩＦＡの地位も確固たるものになっています。そうした状況を見れば、今後日本においてもそう遠くない未来に、ＩＦＡが相応の知名度と評価を得、金融業界に新たな風を吹かせるであろうことは、十分に想像できます。

実際、この本の書名にもあるとおり、**日本国内でも証券会社からＩＦＡに転職する人は増加しています。**さらに、他の業界でもＩＦＡを兼業する方が大きく増加しています。特に、最近では政府主導の「貯蓄から投資へ」の流れを受け、ＮＩＳＡなど投資を促進する制度の拡充、若者への金融教育の促進などが行なわれ、**ＩＦＡへの需要**

はさらに高まりつつあると、私自身もＩＦＡ法人を経営しながら身をもって感じています。

私は、ＩＦＡという仕事の可能性を信じています。ＩＦＡは、お客様ごとに最適な投資行動を見極めて案内するという、金融総合サービス業としての強みを最大限活かした立ち回りによって、**投資の効用を最大化することができる仕事**です。さらに言うと、投資というのは単にお客様の資産が増加する期待値だけにとどまらず、それ以上に莫大な社会的価値を持っていると言えます。ＩＦＡという新しい仕事が日本に根付けば、それによって日本は経済的な面だけでなく、投資を通じて国民が幸福感を得るという包括的な意味での金融大国としての地位を確立することになるでしょう。

例えば、投資を促進することで、革新的なビジョンを持ちながらも資金不足に陥っている企業に必要な資金支援を提供できます。このようなチャレンジが適切にできるエコシステムがあれば、新たなイノベーションが誕生し、経済活性化がもたらされ、再び高度経済成長期のような時代が訪れるかもしれません。さらに、少子高齢化対策や温暖化対策、福祉に関連する様々な課題に対する解決策も模索され、実行されるようになると考えます。

さて、少し壮大な話になってしまいましたが、ここまでの説明でＩＦＡに興味を持っていただけたでしょうか？

持っていただけたならばうれしいのですが、とはいえ、ここで触れたような内容はまだ、ＩＦＡという仕事の持つごく基本的な一面にすぎません。ぜひ皆さんに、もっとＩＦＡを知っていただきたい。そんな思いで、私はこの本を著しています。

以下、この本では、**なぜ今ＩＦＡが注目されるようになったのか、ＩＦＡとは具体的にどのような仕事なのか、今後日本でＩＦＡは普及するのか、ＩＦＡは「投資を通じて世の中をよくする」ことにどのように寄与できるのか**、さらには今後の展望などを、証券業の現場で働いてきた経験をもとに、徹底的に解説いたします。

第1章では、ＩＦＡビジネスとはどのようなものか、その実態を、第2章では「自由」がキーワードとなるＩＦＡの働き方のメリット・デメリットを、第3章では、お客様とのコミュニケーション方法や、どうやって新規のお客様を獲得するのか、お客様の信頼を得るＩＦＡの条件などについて、最後に第４章ではＩＦＡの課題と、私が実際に行なっている課題解決のための取組みをお伝えしていきます。

本書では、**「働く側・顧客側・ＩＦＡ法人側・証券会社側」の４つの視点を踏まえながら解説**していますので、皆さんが今までに耳にしたであろうＩＦＡにまつわる噂だけでは知り得なかったＩＦＡの本質が見えてくることでしょう。また、顧客としてＩＦＡの利用を検討している方にとっても、参考になる内容を盛り込んだ本になっています。

この本が、すべての金融マンとお客様にとって、明るい未来を切り開く一助になれば幸いです。

伊東　修

目次

第2章

公開！ IFAの働き方と収入

第3章 お客様と一生お付き合いできるIFAになるために

第4章　IFAがつくる未来
——これからの日本人の資産形成のために

第1章

徹底解剖！
IFAとはどんなビジネスか？

Independent Financial Advisor

1

営業のジレンマから解放されるＩＦＡ

ＩＦＡについて話をする前に、まずは、私の証券会社勤務時代の話をさせてもらいたいと思います。

私が投資に興味を持ったのは中学生のときでした。あるとき、株式について書かれた本を両親から渡された私は、その本を読んで、世の中のほとんどの会社が投資から生まれていることを知り、投資の面白さに気づきました。きっかけはちょっとしたことでしたが、そこから投資の世界に興味を持ち、大学卒業後には希望どおり、業界トップの野村證券で営業マンとして働き始めたのです。

最初の1年は大変な苦労をしたものの、野村證券で過ごした4年間のうちの3年間は、全国の同期中トップの営業成績を収めることができました。しかも、2位に2倍の差をつけた圧倒的トップです。

なぜこのような成績が取れたのか。それは、証券会社の営業マンが普通はなかなかやっていない、「投資先について徹底的に調べる」ことを行なったからだと思っています。

証券会社の実情に詳しくない方は、証券会社の営業マンが投資先について調べるなんて当然ではないかと思われるかもしれませんが、実際はそうではありません。

営業マンの仕事は、株や投資信託などの商品を売って収益を上げること。投資先について調べるのは証券アナリストの仕事であって、営業マンに求められる仕事ではないのです。

証券会社からしたら、営業マンを営業に専念させるために証券アナリストを雇っているわけで、営業マンはアナリストレポートなり目論見書なりを参考にして商品を売ればいいとされています。

ただ、アナリストレポートは一般に、ＷＥＢサイトに公開されていますし、また、証券会社が公式に出す見解という扱いを受けるものですから、必然的に無難で堅実、ゆえにどこも似たり寄ったりな内容になっていることが多いものです。

もちろん、証券会社ごとに見解が多少異なる部分も存在してはいますが、実際のところ営業マンには規則上、その違いを比較検討する余地はなく、自分が所属する証券会社の見解に合わせるほかないでしょう。

結果として、お客様からすると、たまたま出会った証券マンがたまたまその所属している証券会社のアナリストレポートを読み上げるという、残念な状況に巻き込まれることになってしまいます。さらに言えば、実際の証券マンはアナリストレポートすら読んでいないことがほとんどですし、元も子もない話ですが、アナリストレポートで取り扱っているような大型株の情報をお客様が求めていること自体、極めて少ないといえます。

本来、営業マンに求められる役割は、アナリストレポートには出ていないような銘柄の中で、ここは伸びそうだという企業を見つけ出し、徹底的に調べ、お客様にお知らせすることです。お客様はそうした情報を求めており、そうした情報を提供することにこそ営業マンの真価があると私は考えています。

私は自分自身、株が好きだったこともあり、自分がいいと思った銘柄は、会社が認める範囲で自分で購入していました。上司の許可をもらって株主総会にも出席したり、株式投資で生計を立てている人たちの会合などに参加するなどして、自分の目と耳と足で情報を取りにいくことを心掛けてきました。

さらに同業他社についても徹底して調べます。同業他社が４社あるのなら、そのすべての会社について調べ、その会社が行なっているサービスや商品を実際に見に行きます。

今は、ネットを見ればかなりの情報が得られる時代です。ですが、そうした時代だからこそ、**ネットで得られる情報以上の情報を自分の目と耳と足で取りにいくことが証券マンの付加価値であり、お客様から手数料をいただいている以上、それは必要なことだと考えています。**

努力を惜しまず調査をすれば、自分も本当に自信を持ってご提案ができるし、結果、お客様からも信頼していただける。この事実は、今も私の活動の支えとなっています。

本当にいいと思える商品を提案できる

私は、証券の営業マンがやるべきことは2つあると考えています。一つは、「お客様の個々の状況においてどういう投資行動をすべきかをご提案すること」、もう一つは、「商品のことをよく調べて本当に付加価値のある情報をご提供すること」です。

ところが今の金融業界においては、多くの営業マンは前者しかできていません。これはあまりにも芸のないことです。お客様からしても、リスク・リターンの分布図を見ればある程度わかってしまうようなことを、わざわざ聞きたくはないでしょう。

実際のところ、みな後者の重要性は理解しています。けれども、会社から求められていないため、積極的に勉強をしないのです。

一方、やる気があって本当にお客様のことを考えている営業マンは、後者への取組みを軽んじて、自分たちに求めようとしない会社の姿勢に不満を持っています。「自分の目と耳と足を使って投資先のことを調べたい。そうでなくてはお客様に自信を持っておすすめできない」――そう思っている営業マンは少なからず存在しています。

このような営業マンの抱えるジレンマを解消できるのが、既存の金融機関から独立したＩＦＡという仕事だといえます。

上下関係や営業ノルマなど組織のしがらみから解放され、お客様のことを考え、納得いくまで投資先や商品について調べ、自分が本当にいいと思える商品のご提案ができる。それがＩＦＡなのです。

ＩＦＡという仕事がもっと世の中に広く認知されれば、日本人の証券業に対する印象は良くなるし、日本人の金融リテラシー向上にも寄与できると私は確信しています。

2

ＩＦＡは証券業における「保険代理店」

私がＩＦＡとして6年間活動してきた中で、お客様からは「ＩＦＡって何ですか」と聞かれ続けてきました。ＩＦＡとは、前述のとおり「Independent Financial Advisor」の略であり、文字どおり既存の金融機関から独立した立場でお客様に金融のアドバイスをする仕事です。

法律で定められた正式名称でいえば、「ＩＦＡ＝金融商品仲介業」ということになります。ただ、一般のお客様としては、「金融商品仲介業」と言われてもピンとこないでしょう。「金融商品の仲介？」と、胡散臭く思う方もいるかもしれません。

お客様から質問されるたびに、ＩＦＡをどのように説明すればいいのか、ＩＦＡのことをわかりやすく一言で表す言葉はあるだろうかとずっと考えてきて、辿り着いた答えが**「保険代理店の証券版」**でした。

保険代理店は、保険会社とお客様の間に入り、各種の保険商品やサービスを提供します。それと同じように、ＩＦＡは証券会社とお客様の間に入り、資産運用のアドバイスをはじめ、複数の証券会社の商品を提案し、証券売買のサポートを行ないます。自社の商品しか取り扱えない証券会社の営業マンに比べ、複数の証券会社の商品を取り扱えるというこの特長は、中立的な立場からのセールスという点で非常に重要なポイントとなります。

今、保険の契約はその多くが保険代理店経由です。保険会社から直接加入することもできるのに、なぜ多くの人が保険代理店で加入するのかというと、選択肢が多いからです。保険代理店は複数の保険会社と提携し、多彩な保険商品を取り揃えています。お客様自身ですべての商品を調べるのは難しいので、保険代理店のアドバイザーが商品を比較し、お客様一人ひとりの状況に応じたご提案をすることで人気を博してきました。

ＩＦＡは、証券分野において、まさにこれと同様に複数の証券会社の商品を比較してお客様に提案するサービスです。

周知のとおり、日本人の資産形成において投資の重要性は増しています。**保険代理店で保険の相談をするように気軽に資産運用の相談をしたい、今の自分に最適な商品を提案してほしい、と考える人の受け皿となるのがＩＦＡ**だと言えます。ＩＦＡとは何かを説明するのに、「保険代理店の証券版」という表現がぴったりくると考えたのにはそうした意味があります。

ＩＦＡ普及率で世界トップになりうる日本

現在、日本には５５００人ほどのＩＦＡがいます。全国でこの数字ですからまだまだ少ないように思えますが、それでも**人数は着実に増加傾向にあり、社会的な認知もだんだん獲得してきています。**この傾向が最終的にどこまで行きつくかという未来予測をするとき、参考になるのはアメリカの金融業界です。

現在のアメリカには、ＩＦＡが約６万人います。リーマン・ショックをはじめ何度も深刻な金融危機に見舞われたアメリカでは、それらの緊急事態の渦中で十分にお客様をフォローできずに信用を落としていった大手証券に代わって、ＩＦＡが信用を勝ち取ってきており、今では大手証券を凌ぐと言って差し支えないほどの高い認知度と社会的地位を獲得しています。

日本においても状況は類似しています。特に、従来型の証券営業で起きていた、手数料稼ぎのための無闇な回転売買やリスクの高い仕組み債の強硬販売などの問題によって、証券会社に所属する営業マンへの信頼は今、揺らぎつつあると言ってよいでしょう。こうしたことが日本とアメリカで一致して起こりつつあるのです。

これに加えて、**日本においてはさらに、ＩＦＡが普及しうると考えられるもう一つの要因があります。それが「転勤の有無」です。**

日本では、企業から転勤命令が下されたとき、基本的に社員はそれに従わなければなりません。これによって、それまで築き上げたお客様との信頼関係を失ったり、ライフプランを著しく崩したり、そもそも転勤のない職場を選ぼうとして金融業界が選択肢から外れたり、といったことは珍しくないでしょう。

しかし、ＩＦＡの場合、転勤の命令が下されることは基本的にはありません。そもそも個人事業主的な性格が強い職種ですし、後述のとおり、自分のいる場所がどこであろうと全国のお客様にアプローチ可能な仕事ですから、自分の意思で環境を変えようとしない限りは、ずっと同じ拠点で仕事を続けることができます。この利点に惹かれる人は多いのではないでしょうか。

「会社による半強制的な転勤」という概念がほぼないアメリカにおいてさえ、ＩＦＡという仕事が今ほど選ばれているのですから、日本において、転勤を避けたいという思いのある業界人の方々から支持を受ければ、２万人、３万人と言わず、さらなる規模に拡大しえます。ことによっては**世界トップの普及率に達してしまうことさえ考えられるでしょう。**

そして、先述のような、いわゆるお客様本位の業務運営を担うことができるＩＦＡがそこまで増加したなら、それが金融業界や日本の経済に与えうるインパクトは計りしれません。

ＩＦＡという職業の秘めたる可能性に、私たちは大いに期待してよいでしょう。

3 「中立な立場」というＩＦＡ最大の武器

「中立な立場でお客様へ資産形成のアドバイスができる」

これは、ＩＦＡとして働くことの最大の特徴として、よく語られることです。**「お客様の利益を第一に考え、親身に寄りそう存在になれる」**——特に、会社都合のノルマに疲れてしまった証券会社の営業マンの心には、こうしたＩＦＡの特徴は強く響くことでしょう。

これが、具体的な制度上でどのように担保されているのか見てみましょう。

ＩＦＡ制度の仕組みで重要なのは、**実際にお客様にお取引いただく証券会社について、無論、所属するＩＦＡ法人が契約している範囲内でですが、ＩＦＡ側が比較的自由に選択することができる**という点です。

IFA制度の仕組み

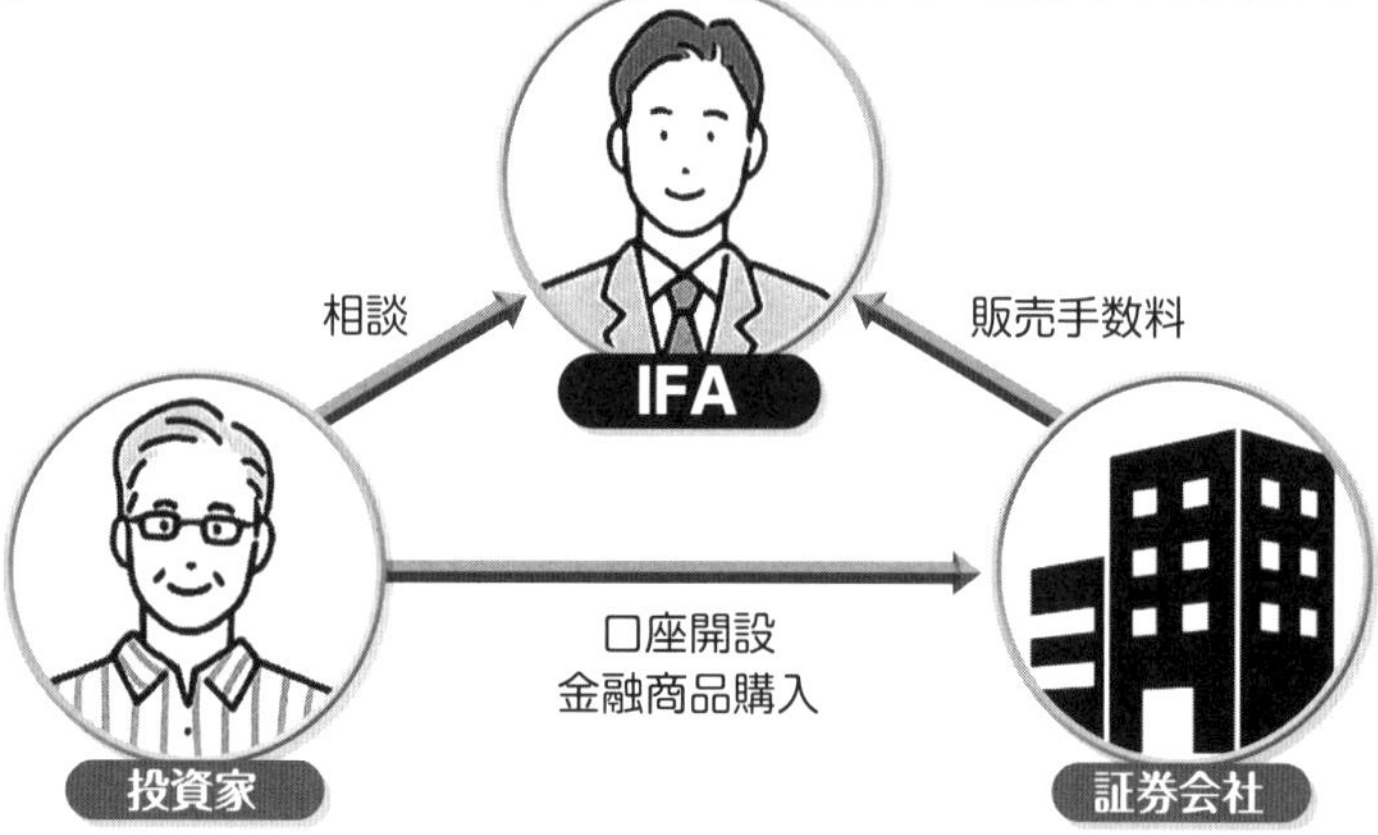

そのため、例えば、あるIFAが、所属するIFA法人と契約している証券会社の1社からノルマを課されたり、特定の商品を売るよう強く指示されたりした場合、そのIFAはその証券会社を選択肢から外し、別の証券会社を選んで取引するといったことができるわけです。

これはつまり、証券会社からIFAへの過度な干渉が牽制されているということであり、このシステムがあるからこそ、IFAは自由に活動できるのだといえます。そして、**こうして自由さが保証されているからこそ、「お客様に対して中立な立場で取引の提案ができる」というIFAの特徴も保証されている**といえるのです。

4 なぜＩＦＡの収入は多い？理由はコスト構造

お客様からの手数料収入は、最初に証券会社に渡り、証券会社の取り分を差し引いたあとに所属するＩＦＡ法人へ、ＩＦＡ法人の取り分を差し引いたあとにＩＦＡ個人へと支払われます。

このときの証券会社の取り分はおよそ25〜35％です。これはネット証券でも対面証券でもほぼ同じ水準です。あとはＩＦＡ法人との契約内容によって多少変わることもありますが、例えば、ＩＦＡ個人へのバック率が60％のＩＦＡ法人なら、証券会社が25〜35％、ＩＦＡ法人が5〜15％、ＩＦＡ個人が60％という取り分になります。

なお、ＩＦＡ個人の取り分であるバック率ですが、時々誤解されている方もいるようなので、念のため説明しておきます。

バック率が60％という場合、それは、お客様が支払う手数料全体の60％ということです。よく、証券会社が手数料をとったあとの、残りの金額に対するパーセンテージだと思っている方がいるようですが、それは誤解です。

多くの方が想像する以上に高いパーセンテージなので、そうした誤解も生じるのだと思いますが、それだけＩＦＡの取り分は多くなっています。

問題はバックオフィスのコスト

さて、証券会社の取り分は25～35％くらいであると述べましたが、利益が出るギリギリの水準でやろうと競争原理が働いた結果、どこもそのくらいの水準に落ち着いたということでしょう。ネット証券も対面証券も、ＩＦＡ事業においては少なくとも黒字にはなっているというのが現状です。

そもそも、証券会社の経営コストがどこにかかるのかといったら、主にシステムとバックオフィスです。

まずシステム面は、ＩＦＡ事業をするしないに関わらず、証券会社であれば重大なエラーが起こらないように高度なシステムを構築しています。リアルタイムの株価変動や月末の預かり資産残高がシステム上にきちんと反映されるのも、株主情報を更新した後に正しい住所に郵送物が届くのも、莫大なコストをかけてトラブルの起こらない盤石なシステムを構築しているからに他なりません。

こうした高度なシステムが確立されている時点で、ＩＦＡ事業のために新たにシステムを拡大することになったとしても、それによって発生するコストはたかが知れています。

システムに追加コストがそれほどかからないなら、ＩＦＡ事業をどんどん拡大させればいいと思われるかもしれませんが、ここで一方のバックオフィスのコストが問題となってきます。ＩＦＡ事業を行なうとＩＦＡ法人が証券会社に問い合わせをしてきますので、抱えるＩＦＡ法人が増えるに伴い、サポートの人員も増やさなければならなくなるわけです。さらに、コンプライアンス面での管理や口座確認、書類の郵送等のオペレーションにも追加人員が必要です。

この膨らむバックオフィスのコストに対し、採算性を維持できるかどうかがＩＦＡ事業を継続していくうえでの証券会社の課題となります。

今は各証券会社がサポートの人員を増強している局面であり、今後も基本的には拡大していくと思われますが、そこはサポート体制にかかるコストと、契約するＩＦＡ法人を増やすことによる収益増の見合いということになるでしょう。

そうしたことから、**手間やコストがかかる一方で、収益がなかなか上がらないＩＦＡ法人については、契約が解除される可能性もある**ので注意が必要です。

5 証券会社により異なるＩＦＡ事業戦略

数ある証券会社の中でも積極的にＩＦＡ事業を行なっているのはネット証券と中堅の対面証券だけであり、野村證券や大和証券、ＳＭＢＣ日興証券、みずほ証券、三菱ＵＦＪモルガン・スタンレー証券といった大手対面証券は本格的にはＩＦＡ事業を行なっていません(２０２３年６月現在)。その理由は後ほど述べるとして、まずはＩＦＡ事業を行なっている証券会社ごとの特徴を見ておきましょう(次ページの図表参照)。

ＩＦＡ事業ができる証券会社、できない証券会社

さて、ではなぜ大手対面証券がＩＦＡ事業を行なっていないかについて、私の考察を交えながら解説したいと思います。

IFAに力を入れる主な証券会社

SBI証券	**提携IFA法人数➡166** **業界最大手ネット証券** ▶国内株式個人取引シェアNo1（2023年3月期上半期） ▶ネット証券顧客満足度 オリコン第1位（2023年） ▶1日の取引金額にかかる手数料の安さ 主要ネット証券No1 ▶IPOに強い
東海東京証券	**提携IFA法人数➡257** **提携数最多** ▶ユーザーインターフェースが使いやすいとの評判
楽天証券	**提携IFA法人数➡118** ▶新規の口座開設数No1（2022年） ▶NISAの口座開設数No1（2021年） ▶iDeCo　新規加入者数No1（2021年）
あかつき証券	**提携IFA法人数➡109** ▶IFAを積極的に支援している（IFAクラウドというIFA支援サービスの評価が高い）
PWM日本証券	**提携IFA法人数➡123** **IFAに特化した証券会社**

＊各社の公式サイト等により作成
＊提携IFA法人数は、金融庁HP『免許・許可・登録を受けている業者一覧』の中の「金融商品仲介業者登録一覧（令和4年12月31日）」をもとにカウントしたものです。
https://www.fsa.go.jp/menkyo/menkyoj/chuukai.pdf

対面証券はその名のとおり、営業マンがお客様と対面で取引を行なう業態です。ＩＦＡも全く同じように、お客様と対面で取引を行なうのが仕事です。つまり、大手対面証券がＩＦＡ事業に積極的に乗り出さないのは、自社の営業マンとの業務のバッティングを避けるためと考えられます。

しかし、すでに大手対面証券では、優秀な営業マンのＩＦＡへの流出が続いており、大手対面証券各社は大きな問題に直面しています。**このまま指をくわえて見ているよりも、自社の営業マンとのバッティングがあったとしてもＩＦＡ事業に乗り出すほうが、今後の証券業界で生き残る勝算が高いと見る大手対面証券は出てくるでしょう。**

近年、金融庁はＩＦＡの普及を推し進めていて、そのためのルールが策定されているのですが、その結果、コンプライアンスが厳しくなったため、証券会社が「質の悪い」ＩＦＡ法人と手を組んでしまうリスクは減少しています。

また、あかつき証券や東海東京証券といった中堅証券会社が積極的にＩＦＡ事業を行なっており、その成果を大手対面証券は注視しているはずです。

特に、あかつき証券についてはユニークな特色もあります。通常、証券会社はＩＦ

A法人と業務委託を結び、IFAのサポート事業だけを行なうのですが、あかつき証券はあかつき証券自身が100%子会社の「ジャパンウェルスアドバイザーズ」というIFA法人を設立しているのです。しかも、同社は、あかつき証券だけでなくSBI証券やマネックス証券とも提携しています。まさに証券会社の垣根を越えた事業展開であり、すでに一定の成果を上げており、注目に値するといえるでしょう。

今、証券業界は生き残りをかけてグループや会社の垣根を越えた競争をしています。SMBC日興証券を持つ三井住友フィナンシャルグループがSBI証券に出資したり、みずほ証券を持つみずほフィナンシャルグループが楽天証券に出資したりと、金融機関の「融解」が進んでいます。端的に言えば、グループや会社それぞれのプライドやこだわりは一旦横に置き、証券業界を皆で盛り上げていこうと各社が考え始めているということです。

このような潮流の中で、大手対面証券がIFA事業に参入するタイミングは意外と早いかも知れません。私は、**今すぐにでも参入を発表する大手対面証券が現れてもおかしくない**と思っています。

ただ、もしそうなれば、**きっと証券マンとＩＦＡの差はより顕著になる**でしょう。

具体的には、自分の能力に自信があったり、既に多くのお客様を獲得している証券マンは、大手対面証券のように安定的な給与が保証されておらず、相対的にリスクは高くともＩＦＡに転職するという判断がしやすい一方で、家庭のために安定した収入が欲しいとか、新規開拓があまり得意ではないという証券マンは、大手証券に残る傾向が出てくると考えられます。

無論、このうち片方が絶対的に優越するといった状況には当分はならないでしょうが、なんにせよＩＦＡという職業が金融業界の趨勢を占うことになるのはほぼ確実と言えます。

6

証券会社とIFAの効率的な役割分担

ここでひとつ、お客様がIFAに対して抱きがちな誤解を解いておきたいと思います。

初めてIFAと取引しようというお客様には、「そんな少人数でやっているIFA法人と取引しても大丈夫かな」という不安を持たれる方も少なからずいらっしゃいます。ですが、その認識は誤解だと言えます。すでに解説したとおり、IFAはあくまで仲介業者であり、お客様が直接取引しているのは証券会社です。お客様がSBI証券の商品を購入するのなら、お客様はSBI証券と取引していることになります。**直接の取引相手は大手証券会社**なのです。

ですから、もしもわからないことがあれば、IFAに聞いてもいいし証券会社に聞くこともできます。注文したいときにIFAと連絡がつかなければ、証券会社に直接電話して注文を出すこともできます。ＩＦＡが全面的にお客様をサポートするのに加え、何かあったときには証券会社もしっかりフォローしてくれます。

また、お客様だけでなく、これからＩＦＡになろうか迷っている証券マンの中にも、ＩＦＡだとバックオフィスの事務的な部分も何もかも自分でやらないといけないのではないかと誤解している人がいるようです。この認識も誤解です。事務的な部分については、証券会社が全面的にサポートしてくれます。

例えば、投資信託の注文の締切時間などわからないことは証券会社に聞けば教えてくれますし、お客様から「投信の資料がほしい」と言われたときなどは、証券会社の担当者に依頼を出せば、証券会社からお客様に郵送してくれます。

証券会社の営業マンがバックオフィスのサポートを受けられるのと同様に、ＩＦＡの場合も、事務的な面のかなりの部分をサポートしてもらえるのです。

ＩＦＡ法人ごとに所属証券会社の数に差がある理由

しかしながら、実務上、新規に立ち上げられたＩＦＡ法人は、契約してくれる証券会社を見つけづらい、という現状があります。先述のとおり、ＩＦＡ法人のフォローには莫大なコストがかかってしまうため、証券会社側は現在、契約するべきＩＦＡ法人、すなわち**「丁寧にフォローして取引を続けることに価値があると見なせるＩＦＡ法人」を厳しく見極める傾向**を帯びてきているのです。

ここで１つ、覚えておいていただきたいことがあります。

現在、巷間に存在するＩＦＡ法人の中には、１つの証券会社としか契約していないところもあれば、２つ、３つの証券会社と契約しているところもあります。

無論、どちらのやり方でもＩＦＡ法人として業務を行なえることには変わりないのですが、１つの判断基準として、**複数の証券会社と契約している法人のほうが「より信頼できる」**と考えることができます。

実際、「複数の証券会社と契約できている」というのは、「複数の証券会社から取引相手として適格であると判断されている」かつ「複数の証券会社が持っている特色の異なる商品群の中から良いと思われる商品を選び出して紹介できる」ということとほぼ同義です。

証券会社からの認定、そして、ＩＦＡの中立性。これらの意味において、**ＩＦＡ法人が契約している証券会社の数というのは、そのＩＦＡ法人の信用度を示す一つの指標**と言えます。

もちろん、これがすべてではありませんが、参考として頭の片隅に留めておいていただければ幸いです。

7 インターネット証券がIFAのサポート体制を強化する理由

証券会社の中で、IFA事業に最も積極的に取り組んでいるのがネット証券です。ネット証券は、基本的に店舗を持たず、営業マンも抱えていません。店舗運営や人件費といったコストを徹底的に減らして手数料を安くする代わりに、お客様は自分で勉強して自分で売り買いしてくださいというのがネット証券のスタンスです。この手軽さが受け、ネット証券は口座数をぐんぐん伸ばし、現在では口座数においてSBI証券が野村證券を抜いてトップとなっています。

ただ、シェアを大きく伸ばしていくと、そこからの成長は段々と難しくなっていきます。そこで主要なネット証券では、IFA事業に乗り出し、新たな事業の柱に成長させようとしています。

もともとネット証券とIFAは、非常に親和性が高いと言えます。ネット証券は基

主要インターネット証券５社の経営規模

	顧客口座数	預かり資産残高
SBI証券	918万7,000口座	23兆4,000億円
楽天証券	804万9,000口座	17兆3,000億円
マネックス証券	217万7,000口座	5兆9,000億円
auカブコム証券	147万9,000口座	2兆6,800億円
松井証券	141万8,000口座	3兆円

<参考>

野村證券	535万9,000口座	117兆7,000億円

★2022年9月現在。楽天証券の口座数のみ2022年6月現在。
★SBI証券の預かり資産残高にはSBIハイブリッド預金残高を含む。

出所：各社WEBサイトの公表資料

本的に資産運用の相談ができないので、ネット取引だけでは満足を得られないお客様をＩＦＡの営業力でカバーできれば、顧客満足度において相乗効果が期待できるためです。

コース変更のみで顧客獲得

ここでひとつ、ネット証券とＩＦＡの親和性の高さを示す取引例をご紹介しましょう。

ＳＢＩ証券の例ですが、同社には**ＩＦＡ取引とインターネット取引をセットにした取引コース**があります。「インターネットコース（プランＣ）」と呼ばれるコースで、株式はネット取引、投資信託と債券は対面取引で行なうコースです。

従来からインターネットによりご自身で取引をしているお客様には、ＩＦＡに相談してみたいけど、自分でネット取引するのもやめたくないという方も多くいらっしゃいます。このコースはそんな方に最適といえるもので、**株式の売買については安いインターネット手数料のままご自身で取引していただき、それ以外の投資信託や債券といった商品については、対面手数料でＩＦＡが情報提供やご提案を行ないます。**

このように、商品によって取引形態を変えることができるのも、ネット証券とＩＦＡの親和性が高い理由のひとつだと言えます。


なお、こうして商品によって取引形態を変えることで、インターネット手数料か対面手数料かを選択できるのは、手数料体系が、取引ごとに手数料が発生する、売買フィー型となっている場合に限られます。証券会社で持てる口座は基本的に一人一口座なので、その口座での取引が、残高に対して手数料がかかる預かり資産フィーとなっている場合は、こうした使い分けはできませんのでお気を付けください（売買フィーと預かり資産フィーについては、第3章で改めて取り上げます）。

8

保険代理店やＦＰ、不動産業者がＩＦＡを兼業するワケ

近年、保険代理店やＦＰ事務所が、業務をＩＦＡ事業まで拡大するという動きが加速しています。

１９９０年代以降の金融ビッグバンによる規制緩和で、銀行・証券・保険の相互参入が可能になり、ワンストップの金融サービスを提供する基礎ができました。金融業界は活性化し、保険とＦＰについてはかなり融合が進んでいたのですが、収益構造的には停滞していました。

どういうことかというと、まずＦＰについて言えば、ファイナンシャル・プランニングなどの相談料は高くても数万円です。プランニングは手間暇がかかりますからこれだけでは到底ビジネスは成り立ちません。また、保険代理店ならファイナンシャル・プランニング自体は基本的に無料です。

せっかくファイナンシャル・プランニングを手間暇かけてやったのに、最終的にご提案できる商品が保険だけに限られているというのは非効率です。そこに、新たな収入源となりうるＩＦＡが台頭しました。ＩＦＡは手数料のバック率も非常に高いですから、**ＩＦＡ事業に乗り出すことで一気にビジネスが加速する可能性があります。**

お客様にとっても、お金の不安があってファイナンシャル・プランニングを受けるわけですから、保険だけでなく証券も含めた包括的な提案に、より価値を感じるでしょう。

保険分野が停滞していたところに、近年になってＩＦＡが台頭したことで、やっとお客様から選ばれるワンストップの金融総合サービス業が出来上がってきたということです。

ワンストップサービスの好例となるのが２０２２年９月22日に東証グロースに上場した「ＦＰパートナー」です。この会社は保険代理店なのですが「マネードクター」というブランドでＦＰ相談サービスを行なっています。資産運用も、教育資金も、住宅ローンも、相続も、お金に関することは丸ごとＦＰに相談できるというのがウリで、全国に窓口を設け、そこにきたお客様にライフプランニングをしていく中で保険にも加入してもらうという切り口で事業を拡大してきました。

そのＦＰパートナーが、今後ＩＦＡ法人として登録し、証券業に乗り出すという方針を明確に打ち出しています。「ファイナンシャル・プランニング＋保険＋ＩＦＡ」の総合金融としての挑戦に乗り出したということです。

ＩＦＡを兼業しなくては淘汰される時代に

保険代理店やＦＰ事務所が、業務をＩＦＡ事業まで拡大する流れはこれからもっと本格化していくでしょう。むしろ、それをやらない限り淘汰される時代に突入していきます。

ＩＦＡはお客様の資産状況を把握しており、銀行等と並んで最も多くの資金ウエイトを預けてもらう形になり得る金融サービス業です。また、ＩＦＡが扱うのは変動商品のため、お客様とのやり取りは金融サービス業の中で最も多くなります。そう考えれば、次にお客様がどのようなアクションをすべきかは、ＩＦＡがご案内するのが合理的だと言えるでしょう。**相続に関わる税理士や住宅取得に関わる不動産業者なども、IFAから紹介されないとビジネスにならない時代がやって来つつある**と私は見ています。

例えば、世の中にはマイホームを購入したい人がごまんといますが、住宅ローンを組んで購入しようとしても審査が通らない、頭金が足りないなどの様々な金銭的事情によって、皆が理想の家を購入できるとは限りません。

こうなると、せっかく家を買う意思があるのにお客様は購入をあきらめてしまい、不動産業者は利益を逃すことになってしまいます。しかし、もしこの不動産業者が同時にIFA事業をやっていた場合、どうなるでしょうか。

資金が足りないお客様の金融資産をお預かりし、IFAとして運用して頭金を用意する、ローンを組むための審査が通るように資産を増やすといったことが可能になります。そうなれば、そのお客様は同じ不動産業者で家を購入するのが自然な流れでしょう。

こうした一連の流れにより不動産業者はお客様を取りこぼすことなく、さらにはI

ＦＡの手数料も獲得できるという、**ＩＦＡを兼業していなければ絶対にできないビジネスを展開することも可能になります。**

２０２０年、法改正により「金融サービス仲介業」が創設されたことも大きな流れです。これまで銀行・証券・保険の各業態において仲介業を行なうにはバラバラの業登録が必要でしたが、金融サービス仲介業では、ひとつの登録ですべての業態の商品を取り扱うことができます。顧客保護の観点から、金融サービス仲介業で取り扱える商品には制限があるものの、これもワンストップサービスを後押しする法改正であり、ＩＦＡの更なる飛躍につながることが期待されます。

ワンストップ化が進む金融業界において、証券・銀行・保険の複合的な知識は間違いなく必要とされてきます。**保険代理店やＦＰ事務所がＩＦＡ事業に乗り出すことで、その会社に所属しながらＩＦＡとして活躍できる場が広がる可能性も十分に考えられます。**

第**2**章

公開！IFAの働き方と収入

Independent Financial Advisor

1 時間・場所に縛られない働き方

ＩＦＡとして働く魅力のひとつに、時間や場所に縛られずに働けるということがあります。

近頃は「仕事もプライベートもどちらも大事」という考え方が普通になっていますが、一般的にＩＦＡは、まさにそうした時代の流れに合った、仕事もプライベートもどちらも大切する働き方を実現しやすい職業だといえます。

具体的な勤務形態については、所属するＩＦＡ法人の体制にもよりますが、出社を前提とする出社型もあれば、全く出社しなくてもＯＫな非出社型もあります。ただ、出社型であっても、出社する頻度は本人に委ねているＩＦＡ法人が大半だと思います。

いずれにせよ、**仕事の合間に育児や介護、家事などを自分の裁量でこなすことができ**

るところが多いでしょう。

ＩＦＡのお客様は会社ではなくＩＦＡ個人に付いているため、長期の休暇などは取りにくいのではと思われるかもしれませんが、体制の整っているＩＦＡ法人ならば、一時的に仕事を別のＩＦＡに引き継ぐなどして、「2週間、旅行に行ってくるから、その間お客様とのやりとりをお願いします」といったことも可能です。

お客様が納得され、ご迷惑がかからないようにすることが大前提ですが、それをクリアできれば、働き方の自由度は相当に高いと言えるでしょう。

実は法改正により日本にＩＦＡが誕生したのは２００４年なので、制度自体はできてから15年以上が経過しています。ここへ来て、ＩＦＡがより一層注目され始めたことの要因の一つにはリモートワークの普及が大きく影響していると思われます。コロナ禍によってリモートワークが普及し、在宅勤務が広く浸透したことで、組織や長時間労働に縛られる証券会社の営業マンとは違い、時間や場所にとらわれず自由に働けるＩＦＡに魅力を感じる人が増えたということでしょう。

また、かつて証券は紙で発行されていましたが、今はすべて電子化されています。

ＩＦＡで取り扱う商品は実際のモノではなく情報のみと言えますので、ＩＴと相性が非常にいいのです。リモートワークや証券の電子化などＩＴの恩恵を受け、ＩＦＡという制度が普及し始めているわけです。

エリアの縛りなし！　全国のお客様にアプローチ可能

リモートワークとの関連で言うと、コロナ禍以降、お客様の多くがオンライン面談に抵抗がなくなったことも、ＩＦＡにとって強力な追い風となっています。

ＩＦＡの特長の一つとして、勤務している拠点がどこにあっても、日本全国のお客様にアプローチできるということがあります。証券会社勤務であれば、例えばＡ県の支店に勤務している営業マンは、Ａ県のお客様にしかアプローチすることができませんが、ＩＦＡには、そうした地域の壁を越えて営業活動を行なうことが可能です。

リモートワークの普及や証券の電子化は、こうしたＩＦＡの活動の強みや利点を、これまで以上に際立たせることになると思われます。

ウェブ会議が一般にも浸透し、お客様に直接会いに行かなくてもオンラインで契約がバンバン取れてしまうというのは本当に画期的です。お客様がどこにお住まいかというのは、それほど大きな問題ではなくなってきているのです。リモートワークの普及で最も恩恵を受けたのはＩＦＡかもしれません。

時間・場所にとらわれず、さらには地域を越えて自由に働けるというのは、これからのＩＦＡの発展を考えるうえで１つの大きなカギになるでしょう。

2

ここまで違う！契約によって異なる働き方実例

ＩＦＡ法人での働き方を見ると、**ＩＦＡは多くの場合、業務委託契約**となっています。ＩＦＡになる人には、ノルマに縛られず自由に働きたいと思っている人が多いため、会社からの管理が少ない、業務委託型の働き方が好んで選ばれているのです。

ただし、ＩＦＡ法人の中には、**個々のＩＦＡを社員として登用しているところもあります。**そうした社員型の場合、報酬は一般的に「基本給＋成果報酬」という体系になります。ベースの給料が保証されているので、成果報酬部分のバック率は業務委託型に比べて低く、ある程度ＩＦＡ法人の管理が発生します。

証券営業のキャリアの長いベテランであっても、家族の大黒柱として一定の安定感がほしい、マーケットが悪い方向に極端に大きく動いた際に、収入が減ったり、なくなったりするのはどうしても避けたいという人については社員型で契約することもあります。

クラウドファンディング社でも、業務委託型のＩＦＡと社員型のＩＦＡの両方を採用していますが、当社で採用している社員型のＩＦＡには、目標設定を行なってもらっています。ただし、上から押し付ける目標ではなく、あくまで本人主体で「今月の手数料目標をいくらに設定するか」「それを達成するためにはどのように新規開拓すればいいのか」ということを考えてもらい、設定した目標に対してマネジメントする側がアドバイスを行なうようにしています。

ノルマに縛られないのがＩＦＡとして働くことのメリットの一つなので、あくまで本人が主体というのが大前提です。

働く場所を選べる

前項でも触れたように、**ＩＦＡの中にも、出社型のＩＦＡと非出社型のＩＦＡがいます。**これは、業務委託型でも社員型でも同じです。

IFA法人での働き方のパターン

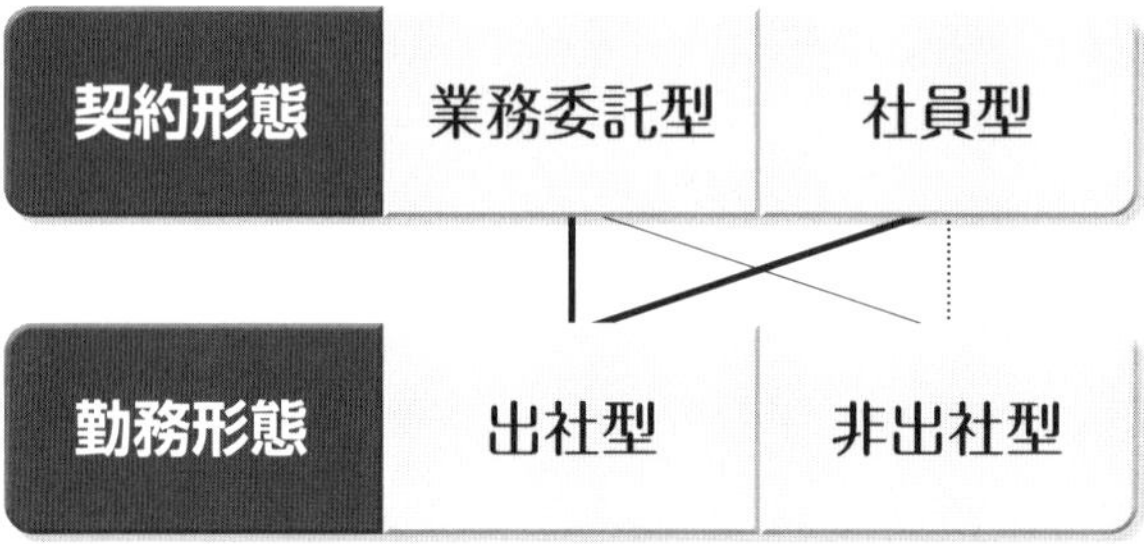

出社型のＩＦＡは、文字どおり会社に出社して、用意された自分のデスクで仕事をします。出社の頻度は自分の裁量で決められるのが一般的です。

出社型にかかるコストとしては、オフィス賃料やデスク、パソコン、情報端末の費用、交通費などがありますが、これらのコストをＩＦＡ法人が負担するのか、ＩＦＡ個人が負担するのか、個人が負担するのなら月５万円なのか、10万円なのかというのはＩＦＡ法人によって違います。

ＩＦＡ法人の中には、所属するＩＦＡ個人が、オフィスやシステムを利用する代わりに毎月15万円をＩＦＡ法人に支払うという契約になっているところもあります。まさしくこれは、出社型ＩＦＡにかかるコストを、ＩＦＡ個人が負担する仕組みを採用しているということになります。

一方の非出社型は、全く会社に出社しない働き方です。**コロナ禍でリモートワークが普及したため、完全な非出社型でも非常に働きやすくなりました。**

こちらはオフィスを構えるコストが発生しません。IFA法人側からすると、コストがかからないので、本来だったら経験が浅く採用しないような人でも非出社型という条件だから採用するということがあるかもしれません。

しかし、非出社型であるがゆえに、会社がサポートをしてあげないといけない部分も多く存在します。証券営業の経験が浅い人材を採用した場合、そうした人材をリモートで教育するのは容易ではありません。また、基本的に売買のオーダーはオフィスからしか出せませんから、非出社型の場合にはオフィスに電話をかけて、オフィスにいる人から証券会社に取り次いでもらわなくてはなりません（社外からのオーダーを可能としている証券会社も一部あります）。業務上のあらゆることに対してのサポートのウエイトが上がるので、それも鑑みたうえで非出社型の人材の採用を考える必要があります。

また、働く側からしても、非出社型は通勤時間がなく、在宅で仕事ができるのが大きなメリットではありますが、もちろん最低限守らなければいけないこともいくつか存在します。

まず、ＩＦＡは月に一度コンプライアンスに関する研修を受けなければならないことになっています。さらに、それとは別に、各証券会社から別途要求される規定やルールに則る必要もあるでしょう。

また、想定されるデメリットとして、**同僚にも会わず、相談もしにくい環境で本当に成果が上げられるかという点は熟慮して働き方を選ぶ必要がある**でしょう。

躍進するＩＦＡ、凋落するＦＡ

従来、対面証券会社にはＦＡ（ファイナンシャルアドバイザー）と呼ばれる歩合で働く営業マンがいました。証券会社に所属はしているものの、正社員の営業職のような転勤はなく、基本給が低い代わりに歩合給の比率が高いという報酬体系で働きます。先ほどの社員型ＩＦＡの働き方と似ているといえます。

１９９８年に野村證券が国内で初めてＦＡ職を導入し、その後、大手対面証券が続きました。証券会社の中では営業力を底上げする存在でしたが、このＦＡ職が近年、次々と廃止されています。そこにはＩＦＡの台頭が大きく影響しています。
ＦＡ職は歩合の割合が高いものの、バック率は概ね10～15％程度です。これよりもバック率がはるかに高いＩＦＡという仕事が台頭したことで、ＦＡがＩＦＡに転じる動きが起こりました。多くのＦＡが「給料は少ないのに証券会社からの縛りもあるし、どうせ歩合制という収入保証のないリスクを負うのであればＩＦＡになったほうがいい」と考えたのでしょう。

証券会社は人材流出を食い止めるため、ＦＡ職の基本給をアップさせるという策を講じましたが、結果的にそれは失敗に終わりました。頑張らなくても正社員と同じくらいの基本給が保証されてしまったため、ＦＡ社員がモチベーションを保ちづらくなったのです。少し哲学的な言い方になりますが、人間というのは基本的に、ある程度の危機的状況とやりがいのバランスが良くないと頑張れない生き物だということでしょう。かくして「働く人の心を読む」ことに失敗した大手対面証券はＦＡ職の廃止を余儀なくされ、営業体制の再構築を急いでいるというのが実情です。

こうしたことを踏まえると、**ＩＦＡ法人での社員型ＩＦＡの扱いはなかなか難しい**と言えます。基本的に基本給がある代わりにバック率は低いので、実力があるＩＦＡならバック率の高い他のＩＦＡ法人に転職してしまうからです。

ただし、当社でも社員型ＩＦＡは採用しており、今も在籍していますが、皆さん数字も上げており、うまくいっています。当社の社員型ＩＦＡは、社員型である以上もちろん基本給はあるのですが、その額を低めに設定しており、代わりに歩合給の比率を高くすることで、仕事へのモチベーションを確保できているのではないかと考えています。

社員型ＩＦＡを採用する際には、このように基本給を低めに設定し、大きなやりがいのある環境をつくることがうまくいく秘訣だと言えます。

3 ChatGPTの台頭により急増が見込まれるIFA

2022年末に、ChatGPTというサービスが無料で公開されました。ChatGPTとは、基本的にはどういった内容でも、質問をすればAIがリアルな会話のように非常にクオリティの高い回答をくれるというものです。通常の検索エンジンとは異なり即座に回答をくれるため、時間短縮にも繋がり、これまでよりも遥かに効率よく情報収集を行なうことが可能となりました。

これは世界的にみても革命的なサービスであるとともに、**証券業界ないしはIFA業界にとっても、時代の転換点ともいえるサービス**だと言えるでしょう。

その理由は主に2点考えられます。

1点目は、**単なる浅い情報提供を行なう営業マンが淘汰される**ことが考えられるということです。対面の営業マンに高い手数料を払わずとも、ＣｈａｔＧＰＴを利用すれば、無料で従来よりもクオリティの高い情報が入手できます。これまでの証券営業マンの存在意義が問われる時代が近づいてきているとも言えます。

２点目は、ＣｈａｔＧＰＴの台頭により、従来の証券会社のように出社し研修を行なわずとも、ＣｈａｔＧＰＴを利用すれば、研修で学ぶような情報を効率的に得ることが可能となります。これにより、ＩＦＡという働き方を選択する人が今後急増していくことは間違いありません。

ＩＦＡが急増するカタリストに

従来の検索エンジンとＣｈａｔＧＰＴでは、初動で得られる情報量とクオリティに信じられないほどの差があります。ただし、ＣｈａｔＧＰＴによって得られる情報にも限界はあります。現在は、より深い付加価値のある情報を自ら入手することが、証券マンないしはＩＦＡの価値になっていく過渡期にあるといえるでしょう。

ＣｈａｔＧＰＴを活用するにあたっては、ユーザーに求められる能力も増えていきます。具体的には、質問のクオリティや想像力が必要となります。**質問の質や想像力がユーザーに問われることになり、その能力の差が、得られる情報の質や効率的な情報収集に直結することになる**のです。

例として、弊社の投資先企業の非常にテクニカルでマニアックな事業（製品）について、ＣｈａｔＧＰＴに質問した際の回答をご覧いただければと思います。

質問「アルミニウム製錬用カソードブロックについて教えて」

回答「アルミニウム製錬において、電気分解法と呼ばれる方法が一般的に用いられます。この方法では、アルミニウムの鉱石を電気分解することにより、純度の高いアルミニウムを製錬します。

この電気分解法において、電気分解槽と呼ばれる装置の中にカソードブロックと呼ばれる部品が設置されています。カソードブロックは電気分解槽に浸漬された電解質中に陰極として挿入され、電気を通してアルミニウムの還元反応を促進するために用いられます。

カソードブロックは、高純度の石墨を主成分とし、アルミニウムを製錬するためには欠かせない部品です。一般的には、高温での運転や電解質中での耐腐食性が求められます。また、カソードブロックは使用後に再利用ができず、定期的に交換する必要があるため、耐久性も求められます。

近年、環境問題への取り組みや高性能化の要求から、カソードブロックの材料や形状、製造方法についても研究が進んでいます」

ChatGPTでは、質問をして5〜10秒待つだけで、これだけの情報を得ることが可能です（もちろん情報の正確性については、ファクトチェックするに越したことはありません）。

もう少し一般的なわかりやすい質問をした際の回答もご覧ください。

質問「投資信託のメリットとデメリットについて端的に教えて」

回答「投資信託のメリットには、多様なポートフォリオ、少額から投資可能、専門家による運用、取引の容易性、リスク管理などがあります。一方、デメリットには、費用の負担、市場リスク、ファンドマネージャーの能力に依存する、時間的な制約があります」

このような回答が3秒程度で返ってきます。ちなみに、今回は「端的に」という条件を加えているので本当に端的に答えてくれましたが、この条件を外すと、各メリット・デメリットについて深掘りした内容の回答が返ってきます。

このようなサービスが台頭しつつある現在の環境は、**このレベルの情報提供を行なうだけの証券営業マンを淘汰していく**とともに、研修で学ぶ情報をより効率的に得ることができることから、**今後さらにIFAが急増していくカタリスト（触媒）になり得る**と考えます。

4 IFAとして地方で貢献する

新型コロナウイルス感染拡大の影響もあり、地方への移住やUターン・Iターン就職を考える人が増えていますが、その波はIFAにも押し寄せています。

実際、都会から出身地に戻ってIFA法人を立ち上げ、そこで地域に根付いた活動をしている人もいます。**地方には、資産運用の潜在ニーズが非常に高いにもかかわらず、金融に詳しく、相談ができる人が近くにいないといった地域が多くあります。その潜在ニーズを掘り起こすことで、日本各地でIFAが活躍できる可能性が十分にあります。**

しかし、後で述べますが、IFA法人立ち上げのハードルは決して低くありません。これから地方でIFAとして活動したいと考えているのなら、既存のIFA法人に所属し、地方にある支社で働くというのが現実的でしょう。

ＩＦＡ法人の多くは東京に集中していますが、勢いのあるＩＦＡ法人は支店をどんどん増やしています。クラウドファンディング社も、ＩＦＡ法人としての事務所は最初は東京にしかありませんでしたが、現在はメンバーが増え、名古屋に２つの支店を設置しています。

なお、ＩＦＡ法人を立ち上げるときには、後述のように２人以上のメンバーが必要となりますが（88ページ参照）、それはＩＦＡ法人が新オフィスを構えるときも同様です。

例えば東京に本社があるＩＦＡ法人が、新しく福岡に新オフィスを構えるとなったとき、福岡支店に所属するメンバーが２人以上いなければ支店を立ち上げることはできません。これはコンプライアンスの問題で、支店内で監視体制を敷くためです。

ただ、逆に言えば、**２人以上のメンバーが集まれば、比較的簡単に支店を作ることができます。**地元で活動したいという思いがあるのなら、所属しているＩＦＡ法人の中で仲間を見つけて、新オフィスを作ってほしいと会社に掛け合ってみてもいいでしょう。

働く場所をお客様目線で考える

さて、ここで一つ疑問が湧いてくるかと思います。ＩＦＡの勤務形態には出社型と非出社型があるわけですから、わざわざ支店を作らずとも、自分一人だけで非出社型として地方で活動すればいいのではないかという疑問です。

結論から言うと、その働き方は現実的ではありません。在宅で一人で活動しているＩＦＡと取引するお客様の目線になって考えてみてください。福岡に住んでいるお客様だとして、ＩＦＡから「東京が本社で、近くにオフィスがなく在宅で仕事をしています。私と連絡が取れない場合には東京に連絡してもらえば誰かが対応します」といわれて信頼できるでしょうか。**やはりお客様の安心感という点では、近くにオフィスを構えることは意義のあること**ではないかと考えます。

また、詳しくは後ほど述べますが、私の考えとして、既存のお客様がいたとしても新規のお客様を開拓することは不可欠だと思っています。新規開拓は精神的にも肉体的にもハードなものです。近くに励ましてくれる仲間やライバルがいない状況では、なかなか頑張れるものではありません。**地方でオンライン研修を受けながら、周りに**

誰もいない孤独な状況に置かれたまま、ひたすら新規開拓するモチベーションをキープするのはなかなか難しいと思います。

もうひとつ、これは経営側の話になりますが、支店があったほうが人材管理をしやすくなるという事情もあります。福岡にいて在宅で働いている非出社型のＩＦＡが、きちんとやる気を出して働いているか、困っていることはないかなど、東京本社からリモートで把握するのは限界があります。それなら福岡支店を作って、メンバー同士で士気を高め、気軽に相談できる環境を整えたほうが、本人のためにもなりますし結果として本社側の負担も少なくて済みます。

結論としては、**地元や地方で働きたいという思いがあるのなら、働きたい地域に支店（あるいは本社）のあるＩＦＡ法人に所属するか、同じ地方で働きたい仲間を見つけて支店を設置してもらうよう会社にお願いするというルートになるでしょう。**

仮に、非出社型として地方で一人で活動する選択をするにしても、それは支店ができるまでの一時的なものにすることをおすすめします。

5

収入10倍も夢ではない！

さて、皆さんも気になっていることでしょうから、ここでは、ＩＦＡの収入について見ていきましょう。

証券会社で一定以上の結果を出している方で、お客様が引き続き取引をしてくれるということであれば、ＩＦＡははっきり言って稼げます。正確に言うと、**証券会社の営業マンとIFAを比べると、圧倒的にIFAのほうがバック率が高いため、同じ手数料を稼いだとしたら年収は格段に多くなります。**

具体例で考えてみましょう。

年間で手数料収入を1億円稼ぐ証券マンＡさんがいるとします。このとき、Ａさんが大手証券会社に所属する営業マンである場合、Ａさんの年収の目安はだいたい６０

0〜800万円程度になるでしょう。あくまで私の観測範囲が基準ではありますが、このくらいのスコアを出す営業マンは割といるといったところです。

では、これがIFAになるとどうでしょうか。

IFAのバック率は50〜70％程度ですので、1億円の50〜70％、すなわち5000万〜7000万円が収入になります。

何ということでしょうか。**本当に10倍弱の差がついてしまいました。**

こうした話を聞いて、「証券マンって意外と稼げないいんだな」と思われる方は多いと思います。なぜこんなにバック率が低いのかというと、伝統的な対面証券では莫大な経営コストがかかっているからです。証券会社はたくさんの営業マンを抱えているわけですから、成績が上がらない人も当然います。でもその人にも給料を払わないといけません。社内にはアナリストもいれば事務員もいるし、コールセンターもありま す。基幹システムや受発注システムなども整備しなくてはいけません。つまり、営業マンの人件費やバックオフィスにものすごくコストがかかっています。

こういったコストをすべて差し引いて、余ったものが自分の収入になります。ですから、バック率が低いのは証券会社の構造上、仕方がないことでもあります。

先ほど、ＩＦＡは手数料収入のうち50〜70％が自分の収入になると述べました。もちろん、所属するＩＦＡ法人の方針によってバック率は変わりますが、業務委託型であれば概ねこの程度です。

なぜこのような高いバック率が実現できるのかというと、対面証券のようなコストがかからないからです。受発注システムなどは提携する証券会社のシステムを借りていますし、バックオフィス業務もシェアリングしています。仕事ができない社員の分を払う必要もありません。**通常の証券業だとかかるコストを、ＩＦＡならその大部分を取り払って仕事ができる**ということです。

片やクビ寸前、片や年収1億4000万円

経営コストの差が、対面証券の営業マンとＩＦＡの収入の差につながっていることを見たうえで、両者の収入を具体的に比較してみましょう。

手数料収入が年間２億円のケースで考えてみます。証券会社の営業マンなら、毎月の給料プラスボーナスで、年収１４００万円程度でしょう。それに対し、バック率が70％のＩＦＡであれば、年収１億４０００万円です。文字どおり桁違いの差があるわけです。

しかも、外資系証券だと、年間の手数料収入が２億円ないとクビだといわれています。同じように努力して同じ収益を上げているのに、片やクビ寸前、片や年収１億４０００万円です。外資系証券会社の営業マンなら、「やってられない！」と思って当然です。

そのため証券会社に勤めていると、いかに短期的に手数料を多くいただけるかにフォーカスしがちで、肝心なパフォーマンスのところまでなかなか意識が向きにくいのです。これが、手数料稼ぎの回転売買につながる要因でもあります。

その点、ＩＦＡは、経営コストが低いので「手数料をどんどん稼がないとビジネスが成り立たない」ということにはなりにくいです。しかも、**バック率が高く、転勤することもクビになることもありませんから、本当に中長期でお客様のことを考えられます。純粋に、真剣にパフォーマンスを追い求めることができるのです。**

ＩＦＡのなかには、お子様やお孫さんの代までお取引が続いている人もいます。それはひとえに、パフォーマンスを追求し、お客様から揺るぎない信頼を得ているからに他なりません。

もちろん、たくさん稼げるというのはあくまで結果であって、何より重要なのはそこに至るプロセスです。**お客様から信頼を得て喜んでいただけたなら、その分がダイレクトに収入に反映されるのが、ＩＦＡの魅力の一つ**だということです。

6 自由な働き方を成功させる2つの原理原則

ここまで述べてきたとおり、ＩＦＡは時間的・物理的な管理から解き放たれており、自由な働き方が可能です。ただし、そんな自由な働き方には、忘れてはならない２つの原理原則があります。特に、業務委託型、非出社型を希望される方は要注意です。

一つ目は、**知識のフォローアップを本人の自覚と責任で行なわなければならない**ということ。

ＩＦＡは基本的に誰からも拘束されませんので、仕事に関する勉強をするもしないも自由です。金融機関に勤めている立場なら、必要な知識は研修等で与えてもらえますので、それさえまじめに受けていれば、最低限必要な知識は身につきます。しかし、ＩＦＡの場合はそうはいきません。自ら意志を持って自分で学んでいく必要があります。

ＩＦＡは実力がモノを言う世界です。向上心を持って勉強を続ける人と、それをしない人では、業績にどんどん差が出てきます。強い意志を持って勉強を続けられない人はＩＦＡには向いていないと言えるかもしれません。

ＩＦＡにも、日本証券業協会の規則によって義務付けられている月1回のコンプライアンス研修や、金融庁からの通達があった時などの必ず参加しないといけない研修はありますが、そのほか各証券会社が用意しているフォローアップ研修や勉強会、ＩＦＡ法人が独自で行なう研修などは基本的には参加は任意です。

やる気を持って自分で勉強をできる人は出席しなくてもいいですが、自分だけでは勉強するのに限界があると感じる人は、このような研修や勉強会に積極的に参加するべきでしょう。

なお、証券会社やＩＦＡ法人による学習面でのサポート体制には差があるのも事実ですので、そうした**サポート体制の充実度もＩＦＡ法人選びの際の一つの基準**になるといえるでしょう。

自由を生かすも殺すもやり方次第

忘れてはならない原理原則の2つ目は、**いくら勤務時間が自由だといっても、それによってお客様にご迷惑をおかけすることがあってはならない**ということです。

極端な例ですが、土日だけIFAとして活動し、平日は他の会社で正社員、という働き方もできます（もちろん、正社員として働く会社が副業を認めていればということになります）。しかし、そのような働き方で本当にサービスとして成り立つのかという疑問は残ります。変動商品を扱う以上、情報収集や勉強の時間を確保しないといけませんし、大きな値動きがあったときにはお客様にいち早く連絡をする必要があります。いくら自由な働き方が認められると言っても、それでお客様への対応に支障が出るようであれば、見直す必要があるということです。

ただし、これはあくまでやり方次第ということでもあります。実は当社にも、土日だけIFA、平日は他の会社で正社員として働いている仲間がいます。大手証券会社出身で、結婚・妊娠を機にそこから全く違う業種に転職し、そこでフルタイムの正社員として働きながら、土日のみ当社でＩＦＡとして活動しています。正社員の仕事はフルリモート、弊社での仕事は非出社型のため、どちらも在宅で仕事をしています。

彼女は、子どもの面倒を見つつ、家事もしながら、当社ではトップクラスの手数料収入を上げています。正社員の仕事でもきちんと給料をもらっていますが、ＩＦＡの収入はその数倍だそうです。もちろん、ダブルワークだからと言って、お客様にご迷惑をおかけするようなことも一切ありません。

別に仕事を持ちながら、なぜそのような成績を上げられるのかと不思議に思う方もいらっしゃるかもしれませんが、彼女の場合、人並み以上に努力をしていることに加え、扱っているのが債券と投資信託で、個別株の取引は行なっていないこともその理由の一つにあると言えるでしょう。

なお、個別株についてはお客様ご自身でお取引いただくようにご提案していて、その分、手数料が安く済むというメリットを合わせて案内しているそうです。

日々値動きがあり、頻繁にお客様と連絡を取り合う必要のある個別株取引に比べると、債券や投資信託であれば、取引の手間はかなり少なくて済みます。どの商品をご提案するかは、ＩＦＡ自身が決めることができますから、もし、掛けられる時間に制約があるような場合は、彼女のような働き方というのは参考になるのではないでしょうか。

いずれにせよ、働き方の自由を生かすも殺すも自分次第、やり方次第ということです。**工夫と責任を持って取り組めば、自由な働き方と業績は十分に両立できる**ということを彼女は証明しています。

7

「会社の看板が使えない」はデメリットになるか？

大手の金融機関に勤めていた方がＩＦＡになるとき、多くの方が不安に思うのは、**大手企業の看板がなくなる**ことによるマイナスについてでしょう。

会社の看板が威力を発揮するのは、特にお客様の新規開拓のときです。「野村證券の伊東です」といえば自分が何者でどんな仕事をしているかということを一瞬で理解してもらえ、スムーズに話の本題に入ることができます。「大手企業に勤めている人なら変な人じゃないだろう」とお客様に思っていただけるというメリットもあります。

一方、「ＩＦＡをやっている伊東です」と自己紹介をしても、ＩＦＡのことを全く知らないお客様には何も伝わりません。**話を聞いてもらうには、最初にＩＦＡとは何かということを理解してもらわなくてはなりません。**

特に、私の経営する会社はクラウドファンディングという名前なので、「株式会社クラウドファンディングの伊東と申しますが、ＩＦＡということもやっておりまして…」と自己紹介するしかありません。そうすると、「クラウドファンディングは知ってるけどＩＦＡって何？」とお客様は混乱してしまいます。そこで、第1章で述べたような「保険代理店の証券版」といった表現を思いついたわけですが、とにかく知名度が低いので、最初に時間をかけてＩＦＡについて丁寧に説明を行なわなければなりません。

知名度がなくてもお客様を得られる秘訣

しかし、こうした手間はたしかにかかるものの、私がこれまで新規開拓をしてきて抱いた実感は、「ＩＦＡのことさえ理解してもらえれば、大抵のお客様にはいい印象を持っていただける」ということです。

ＩＦＡはあくまで仲介なので、直接お客様がやり取りするのは大手証券会社であって、よくわからない小さな会社と取引するわけではないということ。保険代理店のように複数の証券会社を比較できる、本当にいいと思うものを中立の立場でご提案できる、転勤もないなどＩＦＡの魅力をわかりやすく丁寧にご説明すれば、多くのお客様は「ＩＦＡっていい制度だね」と言ってくださいます。

このように、ＩＦＡには最初の入りにくさはあるものの、説明を尽くしてＩＦＡについて理解してもらえればそれほど大きなデメリットではない、というのが私の印象です。

それに加え、ここ数年でＩＦＡという仕事が一般にも認知されてきていて、お客様のほうから「ＩＦＡと取引したかったんだよね」などと言っていただくことも増えてきました。

つまるところ、知られていないなら知ってもらえばいいというだけの話です。まず、こちらから徹底的にＩＦＡについて説明しましょう。あとは時代が助けてくれると思っていただいて結構です。

今後、大手証券会社の看板が使えないというデメリットは、ますます小さくなっていくでしょう。

8 新卒でIFAという選択肢

ＩＦＡというと、証券会社をはじめとする金融機関からの独立や転職が多いのは事実ですが、大学等を出たばかりの新卒であってもＩＦＡになれる可能性は十分にあります。**ある程度組織が大きく、人材育成にもコストをかけることができるIFA法人は、新卒生を積極採用しています。**

たしかに、証券会社出身者であれば、基本的な知識やセールススキルは身についていますが、その分、ＩＦＡ法人の方針と反する営業をしてしまうこともあります。コンプライアンス意識が完璧に身についている人ばかりというわけでもありません。

その点、新卒生なら、ＩＦＡ法人の理念のもと、金融マンとしての正しい知識を一から教え込むことができます。実際、インターンシップを開催し、新卒生を採用して、固定給を払いながら育てるということを行なっているＩＦＡ法人もあります。やる気

があって新規開拓もどんどんやっていけるような人材はどのＩＦＡ法人も欲している
はずです。

本人からしてみても、ＩＦＡ法人に新卒入社してゼロから知識を吸収し、お客様も
たくさんついたところでよりバック率の高いＩＦＡ法人に転職すれば、大幅な収入ア
ップも目指せます。そういった夢を持つのもいいと思います。

ＩＦＡ法人のビジョンは意外と大事

ただ経営者目線で言うと、ノウハウを教えるだけ教えて、お客様もろとも転職され
てしまってはビジネスが成り立ちませんから、働く人が簡単には離れていかないよう
な組織を作らなくてはなりません。

担当するお客様が増えたのなら、バック率を上げるなど報酬体系を見直すことも必
要でしょう。ただ、それ以上に重要なのは、**会社理念への共感や帰属意識を持っても
らえるような組織にしていく**ことです。

会社のビジョンが明確になっていないと、そこで働く人は、会社を単に「給料がも

らえるところ」としか思わず、結果、仕事のパフォーマンスも上がりません。これは今、すべてのIFA法人、ひいてはすべての企業が直面している問題です。

個人主義が浸透してきた現代において、会社として明確なビジョンを持ち、それに賛同する人材をどれだけ集められるかということを、IFA法人は真剣に考えなくてはなりません。

後述するように、取り扱い商品に制限をかけて（それが良いという話ではありませんが）、顧客保護と向き合っているIFA法人もありますし、当社の場合で言えば、すべてにおいて業界ナンバーワンを目指しています。自分たちが目指しているのはどこなのかというメッセージを伝え、働く人から選ばれる会社にならなければならないということです。

そして、**これからIFA法人に就職される方には、ビジョンに共鳴でき、賛同できる会社を探してほしい**と思います。

9

ＩＦＡになるための最短ルートとは？

ＩＦＡになるには、大きく分けて「①ＩＦＡ法人を立ち上げるパターン」と、「②既存のＩＦＡ法人に所属するパターン」があります。ただ、両者には、業務開始までに要する時間や手続きに大きな差があり、結論から言うと、**現在スムーズにＩＦＡになるには、「②既存のＩＦＡ法人に所属するパターン」のほぼ1択**となっています。

前者の、新しくＩＦＡ法人を設立して独立する道が全くないわけではありませんが、ＩＦＡとして働くには、後者のパターンが一番確実な方法となっているのです。

以下、詳しく見ていきましょう。

最初に、**「①ＩＦＡ法人を立ち上げるパターン」**の流れを説明します。ＩＦＡ法人を立ち上げて業務を開始するまでの大まかな流れは表のとおりです。

新たにIFA法人を立ち上げる場合の登録までの流れ

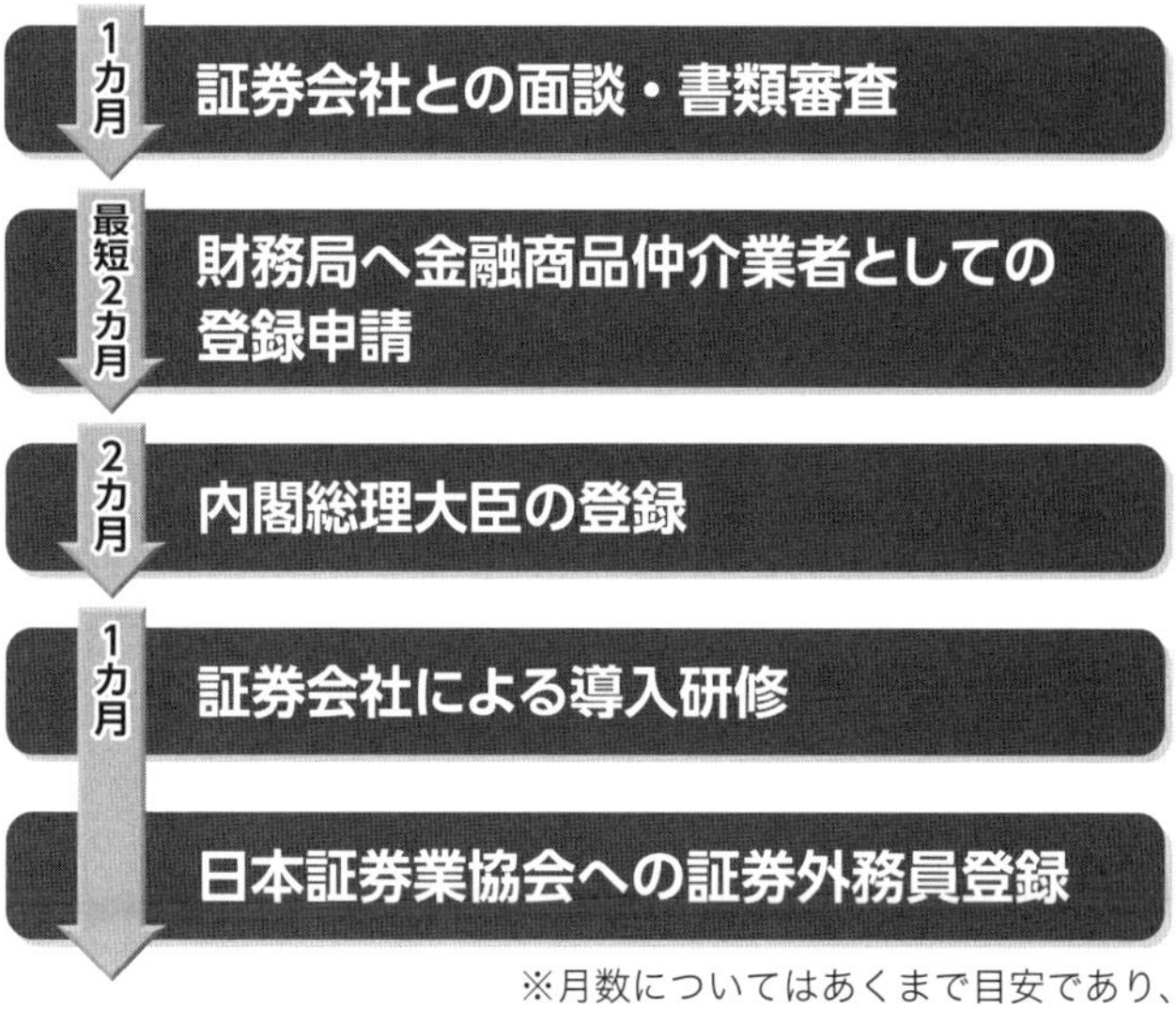

※月数についてはあくまで目安であり、
実際には異なる場合もある。

まず業務委託契約を結んでくれる証券会社を探し、審査を受けます。それに合格したら、次に証券会社のサポートを受けながら、財務局で金融商品仲介業者としての登録をします。さらに、内閣総理大臣の登録を受け、証券会社で導入研修を受けたのち、日本証券業協会で外務員登録を行ないます。そうして、晴れてＩＦＡ法人として営業を開始できるわけです。

この一連の手続きの中には、大きな２つのハードルがあります。

まず1つ目のハードルが、業務委託契約を結んでくれる証券会社をどう探すかということです。実は、これがそう簡単には見つからないのです。

証券会社と業務委託契約を結ぶためには、ＩＦＡ側は会社概要、事業計画書などを提出して審査を受けますが、直近の決算書の提出を求められることもあります。つまり、ＩＦＡ法人としての実績を見るということです。これからＩＦＡ法人を立ち上げる場合、もちろん実績はありません。つまり、ここで審査に弾かれてしまう可能性があります。財務局や内閣総理大臣の登録云々以前に、門前払いを食らうということです。

第1章でお伝えした、ＩＦＡ法人側が証券会社を選べる立場にあるという話は制度上は間違いないのですが、設立当初は、希望する証券会社と契約を結べるとは限りません。複数社と契約を結ぶためには、まずはＩＦＡ法人の立ち上げに協力してくれる証券会社を1社見つけて、ある程度の実績を積んでから、他の証券会社に乗合をお願いすることになります。

いきなりの独立開業はキケン！

私がＩＦＡ法人を設立した時には、新しいＩＦＡ法人が証券会社と業務委託契約を結ぶことはそれほど難しくありませんでした。おそらく当時は、証券会社各社がＩＦＡ事業を本格始動させたばかりのいわば黎明期であり、どのようなＩＦＡ法人とも比較的区別なく契約をしていたようです。

しかし、提携するＩＦＡ法人が増えるに従って、会社内で管理体制が整っていない新しいＩＦＡ法人だと、証券会社側のサポートに手間がかかりすぎてしまうということが徐々にわかってきたのでしょう。ここに来て年々、審査は厳しくなっていると言えます。

また、かつてはＩＦＡ法人としてではなく、個人で金融商品仲介業者としての登録をして証券会社と業務委託契約を結ぶこともできましたが、こちらも証券会社側の管理の手間やコンプライアンスの問題で年々厳しくなっています。

２つ目のハードルは、**金融商品仲介業者の登録までの期間の長さ**です。業務開始までは、財務局への登録、内閣総理大臣の登録、日本証券業協会での外務員登録など複数のステップを踏まなければなりません。財務局へ提出する書類の作成も煩雑なので証券会社のサポートを受けながら手続きを進めることになります。

ＩＦＡ法人を立ち上げるのにかかる期間は、短く見積もっても半年以上です。すぐに業務を開始できるわけではありません。

また、ＩＦＡ法人を立ち上げるには、先にも触れましたが、証券外務員の資格を持ったメンバーが２名以上必要となります。これは、法令で定められていることではなく証券会社による規定なのですが、組織内で相互監視しコンプライアンスを強化させるために定められています。

もし、あなたが証券会社の同僚と一緒にＩＦＡ法人を作ろうと意気込んでいたとしても、いざ手続きを開始してみると「どちらが代表取締役になるのか」「設立までの期間、お客様とのコミュニケーションはどうするのか」「給料はどうするのか」など揉め事が起こるものです。

ＩＦＡ法人を設立するまでにはたくさんの壁にぶつかることでしょう。設立までとんとん拍子に進むということは考えにくいですから、覚悟と根気が必要になるということは肝に銘じておく必要があります。

ＩＦＡ法人の立ち上げを試みた優秀な証券マンの失敗

ここで一つ、私が実際に聞いたことのあるエピソードをもとに、ＩＦＡ法人を新規で立ち上げるにあたって起こりうる失敗例を紹介させていただきたいと思います。

ある大手証券会社に勤める証券マンがいました。彼は非常に野心家で、猛勉強の末に、若くして部内でも一目置かれる成績を収めていた優秀な証券マンでした。そんな彼が、自由に働けて、かつ自分のパフォーマンスに応じて圧倒的に稼げるＩＦＡの存在を知り、今すぐにでもＩＦＡに転職したいと考えました。

ただ、野心家な彼のことです。圧倒的な自信とプライドを兼ね備えていたため、既存のＩＦＡ法人に転職するのではなく、自力でＩＦＡ法人を立ち上げて自分が社長になり、大きな会社を作ることに決めました。そして、ＩＦＡの立ち上げについてリサーチを済ませると、すぐさま辞表を提出し、早速準備に取り掛かりました。しかし、その後、ＩＦＡ法人の立ち上げには非常に長い時間と労力が必要であることがわかってきたのです。

前段でも述べましたが、ＩＦＡ法人の立ち上げは、まず手続き自体が非常に煩雑であり、また、契約してくれる証券会社もなかなか見つかるものではありません。特に大抵の場合、証券会社は、コンプライアンス強化のための独自の規定として、証券外務員資格を持ったメンバーが２人以上いることをＩＦＡ法人に要求してきます。これを知ったとき、彼は愕然としました。

一人で自由に会社を動かしていくつもりだったのに、もう一人協力者を探さなければならないというのは、彼にとって大きな足かせになります。いくら自分が前職で優秀な成績を上げていたといっても、ゼロから起業するのに付き合ってくれるフリーの証券マンなど今から見つかるでしょうか。それに、仮にそんな奇特な人物が見つかったとしても、今度はどちらが会社の舵を取るのかでひと悶着あることが容易に想像されます。

ただでさえ、ＩＦＡ法人の認可が下りるまでは基本的に半年以上の期間を要するというのに、そんなことをしていたら、生活のための金銭的な問題も出てきてしまいます。前途多難であることを察した彼はそこから、必死になって共に起業してくれる人を探しました。

しかし、やはりどうしても彼の求めるような人材は見つからず、結局彼は苦渋の決断の末、既存のＩＦＡ法人の面接を受けることとなりました。その面接では当然「なぜＩＦＡになりたいのか」とか「会社を辞めて数カ月何をしていたのか」といったことを突っ込まれましたが、彼はそこで正直に「ＩＦＡ法人を設立したかった」と述べました。結果として、なんとかそのＩＦＡ法人には受かったものの、入社してからも「ＩＦＡ法人を設立するために途中で辞めてしまうのではないか」といった視線にさらされ、周りとの距離感が生じてしまい、居心地の悪さを感じています。

このように、大変もったいないことですが、**彼のように売上げをあげられる優秀な人材でも、勢いで証券会社を飛び出したせいで事態が悪い方向に進んでしまうこともあります。**

ただ、彼の現状も、見方によっては失敗ではありません。そもそもＩＦＡというのは業務委託契約であることが一般的です。確かに起業こそできませんでしたが、IFAになることができた時点で、ある意味独立したといっても過言ではないと私は思います。

もしこの彼が本書に出会ったなら、彼はきっと、もっと早くこの本を手に取っていればと後悔することでしょう。そのような人を少しでも減らすためにもこの本があると、私は考えています。

あなたがもし自分でIFA法人を設立したいと考えていらっしゃるのなら、ぜひこの本を参考にしたうえで、自分がどのようにして起業のための道を歩むのかを、もう一度熟考していただければ幸いです。

既存のIFA法人を選ぶのが王道である最大の理由

次に、**「②既存のIFA法人に所属するパターン」**についてですが、こちらは、すでに存在しているIFA法人に応募して、採用してもらうパターンです。こちらも証

既存のIFA法人に所属する場合の登録までの流れ

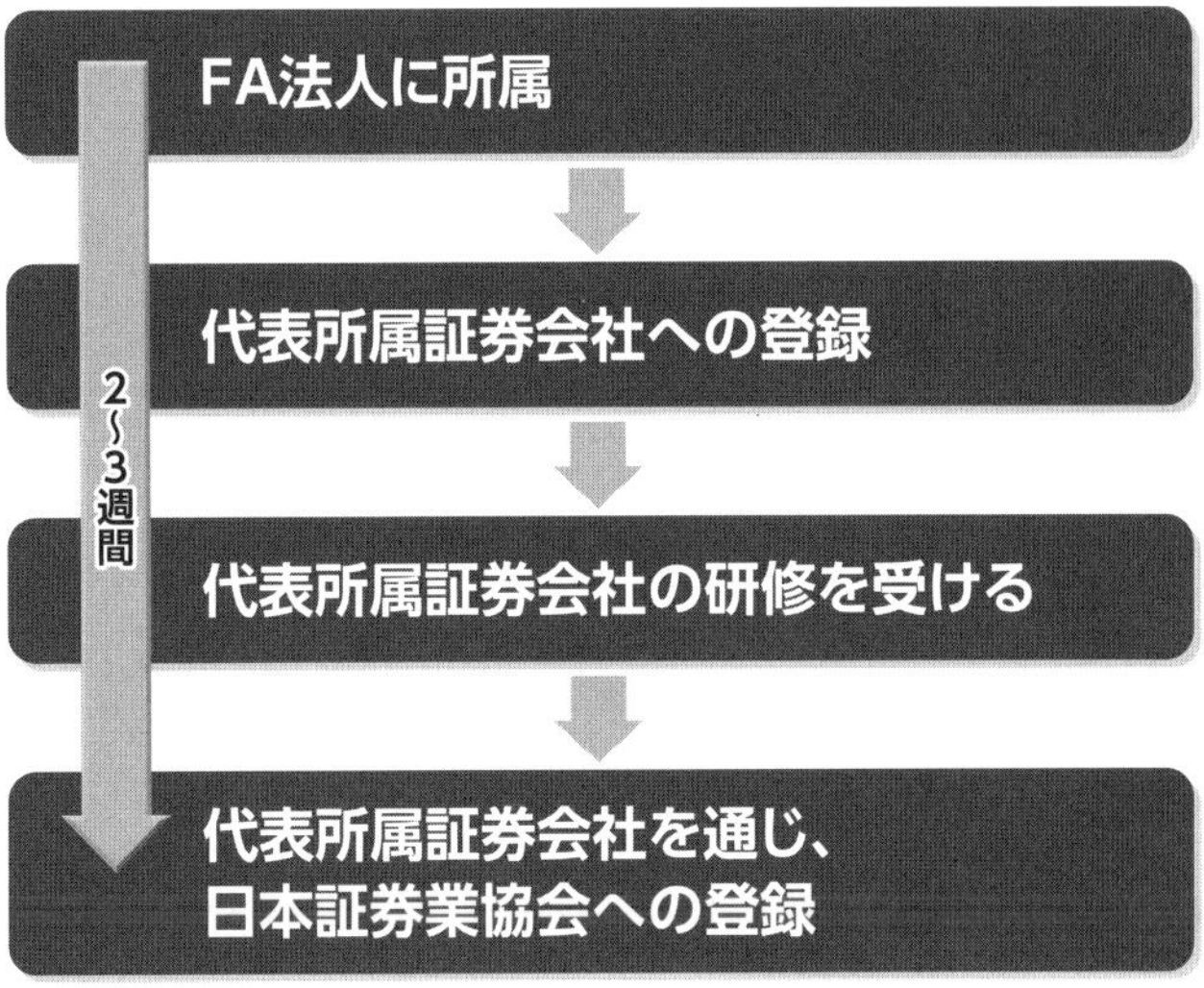

券外務員の資格は必須です。

　すでに金融商品仲介業者の登録は法人として済んでいるので、ＩＦＡ個人で行なう手続きとしてはそれほど多くありません。ＩＦＡ法人が複数社と契約を結んでいる場合には、代表となる証券会社へ登録し、証券会社の研修を受け、日本証券業協会に登録するというのが大まかな流れです。ＩＦＡ法人への採用が決まってから、およそ2～3週間程度で業務を開始できます。

　繰り返すようですが、実際に働き始めるまでにかかる手間や時間を考えると、ＩＦＡとして働くには、この「②既存のＩＦＡ法人に所属するパターン」が一番確実で現実的な方法となります。

これ以外に、最近増えているパターンとして、第1章で見たような、保険代理店やＦＰ事務所がＩＦＡ事業まで事業を拡大するパターンがあります。

10 後悔しないIFA法人の選び方

先述のとおり、ＩＦＡになるにはＩＦＡ法人に所属するのが一番現実的な方法です。ですから、ＩＦＡになろうと思ったら、**どのＩＦＡ法人に所属するのか**を考えなくてはなりません。

ＩＦＡ法人は、現在７５０社存在します（２０２３年2月28日時点）。通常の就職活動と同じように、転職サイトや転職エージェント、知人の口コミなどを頼りに、ＩＦＡ法人の説明会に行ったり、実際に面接を受けたりしてその会社の雰囲気などを確認し、自分に合った会社を見つけるのが一般的な方法です。

最近は、ＩＦＡへの転職支援を行なう企業も出てきていますので、そうした企業のサービスを利用してもいいでしょう。ＩＦＡへの転職サービスに力を入れている代表的な企業とその特徴を表にまとめておきましたので、参考にしてください。

IFAへの転職支援サービスを行なっている代表的企業

実施企業	主な支援内容
アドバイザーナビ株式会社	IFA 専門キャリアアドバイザーと面談し、ヒアリング・相談を行ない、IFA 法人の紹介を受ける。IFA 法人への転職支援に留まらず、IFA としてのキャリア支援サービスも事業展開中。 具体的には、IFA 同士の交流の場としてのワーキングスペースの無料利用などを実施し、IFA 活動を様々な角度から支援している。 具体的な支援を受けたい方におすすめ。
HIKAKU 株式会社	「IFA 比較転職ドットコム」サービスを展開。優良な IFA 法人の待遇・特徴が一覧でわかる比較シートの無料ダウンロードができる。 また、金融業界出身者のキャリアアドバイザーとの無料相談も可能。気になった IFA 法人への問い合わせもスムーズにできる。 まずは各 IFA 法人を効率的に比較したい方におすすめ。
株式会社ビズリーチ	ハイクラスな求人を中心に取り揃え、企業からダイレクトにスカウトが届くサービス。IFA 法人以外の業界からのスカウトも届くため、別の業界と比較検討したい方におすすめ。

また、**おすすめなのが、証券会社がIFAになりたい人のために開くセミナーに参加することです。セミナーでは、IFA法人の経営陣が登壇することもあります。一度に複数のIFA法人の話を聞ける場合もあり、各社の特色を知るのに非常に効率的です。**

複数の証券会社と契約していてこその優位性

では、どのIFA法人に所属するのかを検討する場合、実際どんな点に着目すればいいのでしょう。

各IFA法人を比較する際にまず注目すべきは、どの証券会社と契約を結んでいるかです。IFA事業に力を入れている証券会社というと、メジャーなところではSBI証券、楽天証券、東海東京証券、あかつき証券などが挙げられます。契約を結ぶ証券会社の数は複数社である必要はなく、1社だけでも問題ありません。実際、2023年6月現在、IFA法人の半数以上が1社の証券会社のみと契約しています。ただし、これについては、かつて当時のエース証券が個人でのＩＦＡ契約を許容しており、個人契約のＩＦＡにはエース証券１社とのみ契約しているケースが多かったため、数としては１社契約が多くなったという例外的な要因によるものです。

今ではエース証券はすでに東海東京証券に吸収合併され、個人でのＩＦＡ契約も激減しているため、証券会社１社とのみ契約するＩＦＡというのは今後は減っていくと思われます。

ＩＦＡ法人としての優位性を考えても、複数の証券会社と業務委託契約を結ぶことの意味は大きいと言えるでしょう。

証券会社によって商品ラインナップは異なります。特に、ヘッジファンドや仕組み債、外国債券の取り扱い数は証券会社ごとに違いがあり、なかでも仕組み債は、同じ内容の商品であっても証券会社によって利率や発行体などの条件が異なるものもあります。中立性という点からも、ＩＦＡが証券会社ごとの違いをきちんと調べて、どこの証券会社で取引するのがベストか、あるいは商品ごとに取引する証券会社を変えるべきなのかなどの情報をお客様にご提供すべきです。**それこそがＩＦＡの腕の見せ所**

でもあり、付加価値となります。

年収マイナス180万円？

次に注目すべきはバック率です。バック率というのは、25～26ページでも述べたとおり、お客様が支払う手数料（証券会社が手数料を控除する前の全額）のうち、ＩＦＡ個人の収入となる割合をいいます。

ＩＦＡ法人の中には、このバック率が最大70％というようなところもあります。かなりの高率と言えるでしょう。ただ、実はこのバック率70％のＩＦＡ法人というのは、54ページでご紹介した、所属するＩＦＡ個人がオフィスやシステムを使用する代わりに毎月15万円を支払うという契約形態をとっているＩＦＡ法人なのです。所属しているＩＦＡはすべて業務委託なのですが、ＩＦＡ法人の運営経費の一部を、ＩＦＡ個人が負担する形をとっているわけです。

バック率が高いので、お客様がついていてしっかりと手数料収入を見込めるＩＦＡにとっては、たとえ毎月15万円のコストを負担したとしても、魅力的だと言えるでしょう。その反面、あまりお客様がいなくて手数料収入を多くいただけていないという人にとっては、15万円の支払いが苦しくなることが予想されます。収益があがらなかった場合はマイナス年収180万円となるわけですから、恐ろしい話です。

単純にバック率の高い・低いだけを見るのでなく、自分がどのくらい手数料収入が見込めそうなのかも考えながら、他の条件にもしっかり目を向けることが必要です。

例えば、バック率が最大50%、オフィスは東京のみというIFA法人があったとしましょう。高いバック率で思い切り稼ぎたい人や、地方でIFAをやりたいと思う人にとっては、このIFA法人は期待はずれかもしれません。

また、別のあるIFA法人は、バック率は最大30%と低いものの、セミナーでの集客に力をいれています。お客様の少ないIFAにとってはいい環境といえるでしょう。

ちなみに私の運営するクラウドファンディング社は、業務委託の基本的なバック率は最大65%と高水準になっています。オフィスやシステムの利用料もかかりません。自由な条件で活動できますので、IFAとして活躍したいと考えている人は、所属先候補の一つに入れていただけると幸いです。

取扱商品に制限があるIFA法人も

なお、もう一つ大切な注意点として、IFA法人の中には、独自の方針として、投資信託しか販売しない、手数料は預かり資産フィーのみに限定している（手数料の体系については第3章で詳しく取り上げます）など、**取扱商品や手数料体系に縛りを設けているIFA法人も存在します。**

クラウドファンディング社の場合は、IFAの考えを尊重し、商品を縛ることはしていませんが、知らずに縛りのあるIFA法人に入ってしまうと、自分が思ったようなご提案ができないということになりかねませんから、その点もきちんと下調べが必要です。

自分の理想の働き方を実現するにはどのような条件がいいのかを洗い出し、理想のIFA法人を見つけていただければと思います。

11

定年前後にＩＦＡへの転身を目指す方へ

新卒でＩＦＡ法人に就職する人がいる一方で、定年前後にＩＦＡへ転身を考えている方も非常に多いです。当社でも、金融機関にお勤めの50〜60代の方の応募は確実に増えています。

ただ実際のところ、この年代の方のＩＦＡ法人への就職は狭き門と言わざるを得ません。率直にいって、**採用する側からすると、ＩＦＡ法人への転職はお客様がついているかどうかが最重要ファクターとなります。**定年を迎える年代だと、管理職が長くなり、プレイヤーを退いてから時間が経ってしまっていて、ＩＦＡになったときにお客様がついて来てくれるかどうかわからないという方が非常に多いのです。そのことをご本人も承知しており、そのためになかなか踏み切れない方もいます。

お客様との関係を保つためには、プレイヤーを離れたあとも、お客様と定期的にコンタクトをとっておくことが重要です。お客様とお会いする機会があれば、「最近どうですか。いい担当者はついていますか」など、コミュニケーションを取ることは心がけておくべきです。

定年が近づいたら、お世話になったお客様のところに「また何かお役に立てることがあったらおっしゃってください」と挨拶回りをするのもいいでしょう。ただし、そこで退職後の勤務先での取引を勧誘することはどこの金融機関も禁止しているでしょうから、「このたび定年退職を迎え、ＩＦＡ法人に勤務することになりました」などと挨拶してはいけません。

当然、退職後にお客様に連絡することは、顧客情報を持ち出した、会社の資産を奪ったということで訴訟問題にもなりますので、こちらもご法度です。

ただし、お客様のほうから連絡をもらって相談を受けるのであれば会社側も止めようがありませんから、基本的には問題ありません。そこではお客様の意向であるかどうかが問題になります。ですから、**お客様から相談を持ち掛けられるくらいの信頼関係をいかに現役時代に築けているかがポイントとなる**と言えるでしょう。

そのお客様との信頼関係は本物か？

採用する側としては、それまで働かれていた環境ゆえに、少し勘違いをしていらっしゃる方が一定数見受けられるのも悩ましい点です。

具体的には、銀行出身の方は特に注意が必要かもしれません。

当社の採用面接にも銀行出身の方に多数来ていただくのですが、「自分はいろんな企業の社長と知り合いで仲がいい」とおっしゃる方もたくさんいらっしゃいます。銀行はお金を貸す側なので、本音か建前かは別として、いろいろな企業の社長から「本当に頼りにしています」と言われてきたのでしょう。その感覚で、「銀行でも投資信託を買ってもらっていたので、ＩＦＡとなっても買ってもらえるはずです」とおっしゃるのですが、おそらくそう簡単にはいかないと思います。

ここでは銀行の例を挙げましたが、出身業界がどこであれ、ＩＦＡとして独立を考えているのなら、**お客様との関係が真の信頼関係なのか、会社の看板を自分の力と履き違えていないかを今一度自問してほしい**のです。機会があれば、お客様に「今、Ｉ

FAになる人が増えていて、私もすごく興味があるのですが、もし私がIFAになったとしたらついてきてくれますか？」と何気なく聞いて反応をみるのもいいと思います。本当の意味で信頼関係を築けているのであれば、その人はIFAとして活躍することができるでしょう。

いずれにせよ、将来的にIFAとなることを視野に入れているのであれば、現役プレイヤーの時から、お客様とは一生のお付き合いを意識しておく必要がありますし、すでに管理職となって営業の現場を離れているのであれば、「もう一度現場に戻りたい」と会社に要望するくらい（現実には難しいと思いますが）、独立を見据えたキャリアを考えておくべきです。

IFAであれば、信頼を得られたお客様とは一生のお付き合いになります。転勤のある証券会社の営業マンとは違い、会社や立場が変わっても、またそのお客様と取引ができるかもしれないのです。このことは、IFAという仕事の大きなやりがいだと言えます。

定年後はもう仕事はしたくないと思っていたとしても、お客様が信頼してくださるなら、ＩＦＡ法人の顧問などになり「お客様は若手が担当させていただきますが、私もたまに資産状況は見させていただきます」といった営業スタイルとすることも可能でしょう。つまり、**お客様からの信頼があなたの一生の財産になる**ということです。そのことが、あなたに豊かな第二の人生をもたらしてくれるかもしれません。

なお、定年後にＩＦＡ法人を設立しようと考えている方もいるかもしれませんが、すでに述べたとおり、契約してくれる証券会社が見つからないかもしれませんし、登録までに時間がかかるというリスクがあります。

それでも、仲間と一緒に会社をつくりたい、退職金ももらったし収入がしばらく途絶えても大丈夫などと考えているのであれば、決して簡単ではありませんが、挑戦してみることもありだと思います。

12 銀行や保険、他業種からの転職

前項で、銀行出身の方の例を挙げましたが、この本を読まれている方の中には、証券会社以外の金融業界からの転職を考えている方もいるでしょう。

前項でも述べたとおり、特に**証券営業の経験のない人の場合、ＩＦＡになるには「お客様がついているかどうか」が重要なポイント**になります。

極端な例ですが、10億円の資産を持っていて「あなたに運用を任せたい」といってくださるお客様が1人でもいれば、銀行員でも保険外務員でもＦＰでも、前職が何であれ、ＩＦＡ法人に採用される可能性は非常に高いです。要は、バックオフィスや人材育成にかかるコスト以上の稼ぎを生み出してくれるかどうかが重要なわけで、**取引件数はたった1件でも、それだけで何千万円という手数料収入を得られる人材であればＩＦＡ法人は採用するはずです。**

逆に言えば、証券営業の経験がなくてお客様もいない人が、いきなりＩＦＡになるのは非常に難しいでしょう。その理由は、人材教育の手間がかかりすぎるためです（81ページで取り上げたような新卒生は例外として…）。

ＩＦＡになるには証券外務員資格は必須ですが、資格を持っていたとしても「指値」「成行」とは何か、前場と後場は何時から何時までなのか、といった基本的なことをきちんと理解していない人もいます。そういう人は、ＩＦＡ法人側からは人材教育の負担が大きすぎると通常は判断されます。

ただし、保険会社出身や銀行出身の人にはＩＦＡとして働くチャンスがないのかというと、そんなことはありません。

次ページの図表は、アドバイザーナビ株式会社が実施した「現役ＩＦＡに対するアンケート」の中の一つで、「ＩＦＡになる前の職業」を尋ねた回答結果です（回答数２０３名）。これによると、ＩＦＡになる前の職業は、証券系74％、保険系14％、銀行系４％、その他８％となっています。証券会社出身が多数であることは確かですが、**ＩＦＡになる道は、必ずしも証券会社からの転職に限らない**ことがわかります。

IFAになる前の職業（アンケート結果）

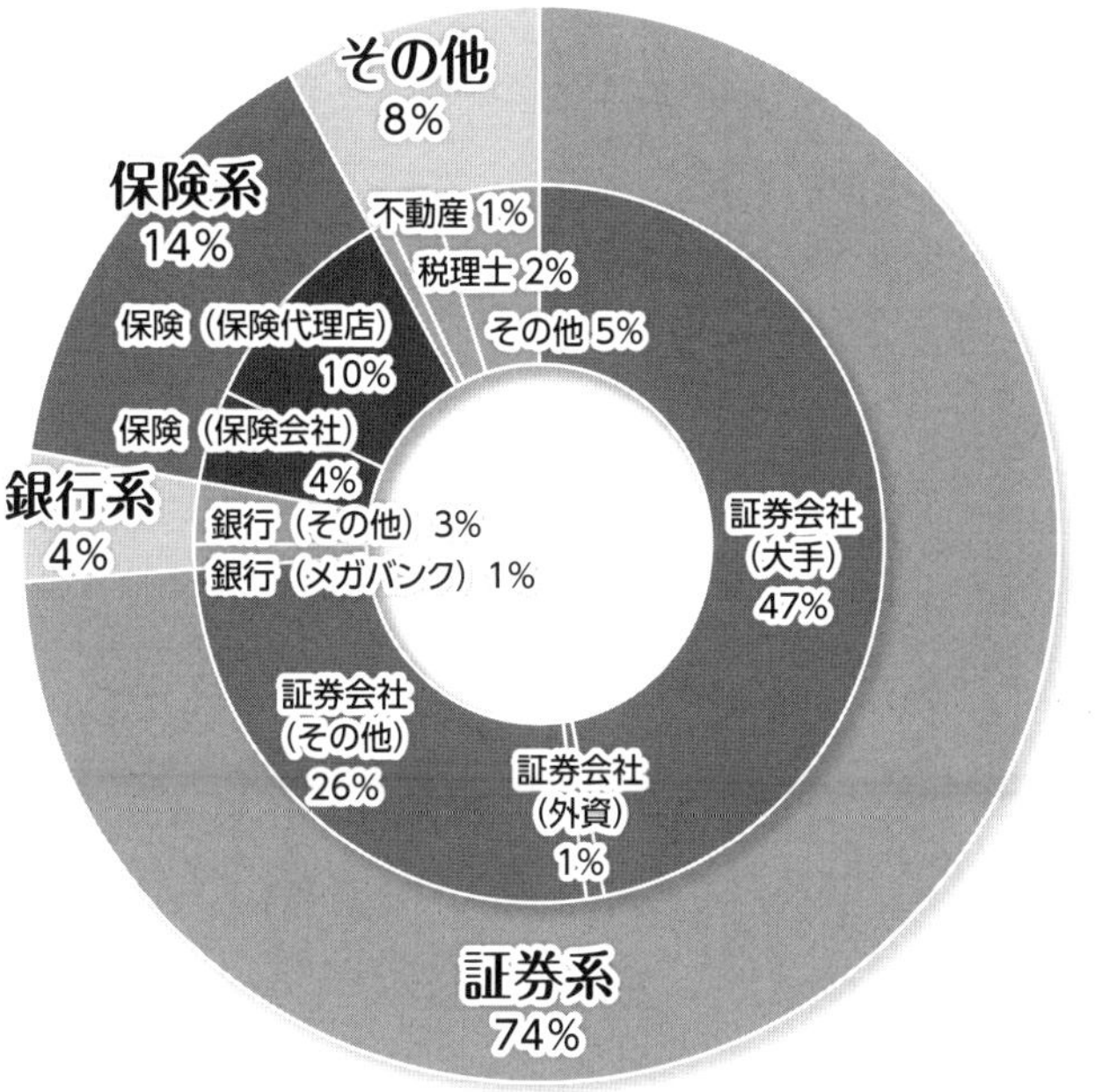

出所：アドバイザーナビ株式会社
「現役IFAに対するアンケート結果について2022年版」

※本アンケートは2021年12月24日から2022年２月３日に実施されたもので、回答者は203名でした。アンケート結果が必ずしもIFA業界全体を表すものではない旨ご留意ください

事実、ＩＦＡ業界は拡大傾向なので、経験が少なくても採用したいと考えているＩＦＡ法人はあります。本人が意欲や一定の金融知識、コンプライアンス意識を持っていれば、人材育成に力を入れているＩＦＡ法人で採用される可能性はあるでしょう。

ただ、**前職で保険や投資信託だけを取り扱っていた人が、個別株や債券などまで商品分野を広げたいとなると、それは相当な勉強が必要になります。**もちろん、保険や投資信託の知識があれば、それはその分有利ではありますが、必要とされるスキルが全く違うので、実際に販売ができるようになるには、そのスキルがＩＦＡ法人に認められ、ＯＫをもらう必要があります。そこからは実務を通して経験を積み上げていくしかありません。

当たり前のことを言うようですが、異業種からＩＦＡに転職して成功するためには、常に学びの姿勢を忘れてはいけないということです。

第3章

お客様と一生お付き合いできるIFAになるために

Independent Financial Advisor

1 IFAだからこそ可能なお客様との深い関係

証券会社などの金融機関に所属する営業マンに比べ、**IFAはお客様と個人的なつながりを持ちやすく、その分、踏み込んだお付き合いもしやすくなります。**実際、ご家族に関する相談を受けたり、ご本業についてアドバイスを求められるなど、親密なお付き合いをしているIFAもいます。

また、私の経験した例で言えば、懇意にしていただいているある企業の社長さんから、その会社の採用面接の面接官をやってほしいと頼まれたこともあります。

もちろん、すべてのお客様が、IFAに対してこのような距離感を望んでいるわけではありませんが、お客様と家族や友人のように親密な関係も築きうるのがIFAなのです。

お客様のご家族にお会いする機会があれば、親子2世代、さらにはお孫さんの代まで、３世代の資産運用をお任せいただくことにもつながるかもしれません。ご自宅での食事会などに誘われるようなことがあれば積極的に参加するといいでしょう。

金融機関に所属する営業マンだと、お客様とプライベートで会うことは基本的には禁止されていますし、ゴルフや飲食などの接待をする場合も、毎回会社に許可を取らなくてはなりません。そのような制限のないＩＦＡは、**お客様との関係性を築くうえで大きなアドバンテージ**があります。

ただし、当然ながら一定のルールは守らなくてはなりません。例えば、買い物に付き合った際に何かを買ってもらうといったことはコンプライアンス上問題があると言わざるを得ません。**モラルを持って、超えてはいけない一線は常に意識しておきましょう。**

お客様との付き合いは柔軟に

また、身もふたもないことを言うようですが、最高のパフォーマンスを発揮するうえで、すべてのお客様と同じようにお付き合いするというのは、時間的・物理的な制約がある以上、不可能であると私は考えています。

例えば、**1億円をお預けいただいているお客様と100万円をお預けいただいているお客様では、異なった対応を取っていく必要があります。**これには、IFA側のリソースの問題のほかに、もう一つの重要な理由があります。

前者のお客様の場合、投資額が大きいですから、IFAが仲介する比較的手数料の高い取引でも、高い利益を得ることは可能です。しかし、後者のお客様の場合、たとえある程度の値上がり益を出したとしても、そこからIFAの手数料を引くと、残るのは微々たる額、となってしまうことがあり得ます。

こうした場合にIFAが行なうべきは、無理にIFAとの取引を続けていただくことではなく、手数料の割安なインターネット取引の利用をご提案することです。こうすることによってお客様の利益につながりますし、IFAの側も良いパフォーマンスを維持することが可能になります。

このように、**お客様に合わせて柔軟な対応を行なっていくことが、IFAとして仕事をしていくうえで非常に重要なファクターとなる**のです。

お客様からの頻繁な電話が意味すること

お客様とのお付き合いにおいては、もう一つ、電話への対応も注意が必要なポイントになります。

特に株価に影響があることや緊急事態が起きたわけではないにもかかわらず、お客様から頻繁にお電話をいただく、といったケースは珍しくありません。この場合、そのお客様がなぜお電話をかけてくださるのかを突き詰めて考えると、その最大の理由は「不安だから」に他なりません。

雑談のように始まった電話でも、「この仮想通貨はどうだろうか」「今、この国の不動産が良いらしいがどうなのか」など、お金が絡んでくる話題になることが多々あります。これも、「もっと良い投資先がないかIFAに確認したい」「得られるかもしれない利益を逃したくない」、ひいては「このIFAが、せめて自分の知っている範囲の情報はすべて網羅していて、そのうえで最良のポートフォリオを提示してきているのだということを確信したい」といった思いからきた行動と言えるでしょう。そして**そうした思いの背景には、お客様が抱える「不安」がある**のです。

そこでＩＦＡがとるべき行動は、決してその場しのぎの御託を並べることではありません。お客様だって暇を持て余して電話しているわけではないのです。どこかＩＦＡが本気で自分のポートフォリオを作っていない感じが伝わってきて不安になり、電話をかけてくださっているのです。その意味では、お客様に不安を感じさせてしまっていること自体が問題だとも言えます。

時には疎ましいと思うかもしれませんが、**あくまで柔軟に、お客様からより信頼してもらうためのチャンスであると捉えて対応するとよい**と思います。

参考までに、私であれば、そもそもお客様を不安にさせたことをまずはお詫びしたうえで、今一度、自分の提示したポートフォリオが最良のものであることをご説明します。そしてさらに、自分がそのポートフォリオを作るうえで、実際に目と耳と足を動かし、最大限の努力をもって、妥協なく商品を検討したことも合わせてお伝えするようにします。そうすることで、ポートフォリオ自体のみならず、そこに至った過程までもご納得いただくようにするのです。

そこまでやって初めて、お客様の満足のいく提案をしたということになるだろうと私は考えています。

お客様との距離感は自分でコントロールを

お客様と個人的なお付き合いができるようになると、お客様との距離はグッと近くなりますが、その分、個々のお客様とどのくらいの距離感でお付き合いしていくかについては、慎重に対応することも必要です。

土日もコミュニケーションをとるのか、反対にお客様対応は平日のみに限定するのかなど、**コミュニケーションの密度は自分でコントロールする必要があります。**もちろん、そのお客様が積極的に連絡が欲しい方なのか、あまり頻繁には連絡してほしくない方なのかなどを見極め、**お客様ごとに対応を変えることも大切**です。

お客様との距離感は、ＩＦＡとしての生き方にも関わる重要な部分です。このお客様については個人的な連絡先を交換したほうが効率よく業務を遂行できる、といった判断も、ＩＦＡ側がきちんと見定めて行なわなくてはなりませんし、個人的な連絡先を交換した以上、そのお客様にはきちんと対応をしなくてはいけないという心構えは持つべきです。

ただし、そうした心構えはできていても、お客様からあまりに頻繁に連絡が来て、業務に支障を来したり、精神的に負担になるようなことも起こり得ます。そのようなときは、先ほども述べましたが、まずはお客様のお気持ちを受け止めたうえで、「ご連絡はたいへんありがたく、もちろんしっかりと対応させていただきますが、ご連絡については頻度を少し控えめにしていただけると、業務により集中していいご提案ができると思います」などとお伝えし、適切な距離感を保つことも必要です。

ＩＦＡとしての人生をスタートする際には、自分はお客様とどのようなお付き合いをしていきたいのかということをよく考えておきましょう。

2 お客様の信頼を得られていれば対応時間は削減できる

ここで1つ、実務の場面におけるありがちな失敗談を皆さんにご紹介しておきます。証券マンとしてのキャリアを歩み始めたばかりの、大手証券会社に勤める新卒1年目の新人営業マンを1人、思い浮かべてみてください。便宜上、人称代名詞は彼としますが、その彼が仕事に取り組むにあたって、1年目の目標を立てることにしました。しかし、まだまだ経験不足の身ですから、あまり大きなことは言えません。努力で成し遂げられそうな範囲で、それでも成果として誇れそうな手ごろな目標は何か。

考えた結果、いかにもありがちですが、彼は「どれだけ少額でもいいから、できる限り多くの新規口座開設を取り付ける」ことを目標に据えました。それに向かって彼は努力します。精力的にテレアポを行ない、手紙を送り、商品や自分自身の売り込みをして、若造なりに全力でお客様対応を行なうことを約束して、結果、彼は多くのお客様を獲得しました。
お客様からは小さな要件でも遠慮なく電話は来ますし、市場が変動すれば彼のほうから一件一件丁寧に連絡しなければならず、本音を言えばものすごく忙しいですが、会社からは一定の評価を得られ、何より目標を達成できたことから、彼自身は満足しています。

さて、ここで皆さんに質問です。
この証券マンは、今後のキャリアにおいて成功するでしょうか？

もちろん成功の定義は人によって違うでしょうから、もしこの彼がずっと中堅程度の営業マンとして、浮き沈みのない一定の収入を得続けるくらいになれれば、それで成功だと考える向きもあるでしょう。しかし、例えば、もっと多くの収入を得たいとか、営業成績を上げて支店長に出世したいとか、そういった突き抜けた成果を出したい人にとっては、この彼のようなやり方はほぼ確実に間違いであると言えます。では、何を改善すべきでしょうか。

この例の場合、改善点は大きく２つあると言えますが、まず１つには「資産規模よりも口座数を追求してしまった点」が挙げられます。

金融という業界においては、ロット（投資規模）が利益に結びつきやすいです。つまり、口座をたくさんお預かりしていても、営業マンの望むような高い利益効率は得られないのです。そして、利益を上げられないとなれば、自然と営業マン側もお客様１人当たりにかけられる時間が減り、お客様の満足度を下げてしまう結果になりがちです。

そして、改善点の２つめは、これまたありがちな話ですが「お客様から小さな要件でも遠慮なく電話がくる」という点です。先述のとおり、お客様が小さな要件でも電話をかけてくる理由は大体の場合「不安だから」です。

私たちが医者にかかったとき、渡された処方箋を見て「これって本当に効く薬ですか？」などと聞くことはあまりしないでしょう。ことによっては命にかかわりうる大事な問題なのに、なぜ聞かないのかと言えば、私たちが医者という存在を、広範な知識と的確な判断力を備えたプロとして信頼しているからに他なりません。

証券マンも皆、このようにあるべきなのです。そのためにはまず、**お客様の前に出て恥ずかしくない知識を手に入れる**ことです。最初は1つの株式の銘柄だけでもかまいません。どれだけ突っ込んで聞かれても自分は答えられるという確証が得られるレベルまで、提案する商品について突き詰めましょう。

インターネットでのリサーチはもちろん、自分で株を買って株主総会に出てみてもいいですし、実際にその会社まで足を運んでみてもいいです。**お客様が手に入れづらいような、付加価値のある情報を持つことが重要**です。そのうえで、その知識を持ってお客様にアプローチしていきましょう。

これができればお客様からの信頼は自然と獲得できますから、対応に追われることもなくなります。お客様対応に時間をとられることがなくなれば、その分を自分の勉強や新規開拓に充てることができますから、さらなる成長も望めます。

誤解のないよう強調しておきますが、私は決して、お客様対応を適当にしろと言っているのではありません。目先のノルマに思考を支配されることなく、自分の持つ価値を着実に上げることが、お客様への対応の充実度を上げることにも繋がります。

そのことを具体的に示す方針として、私は皆さんに「**お客様の信頼を得られていれば対応時間は削減できる**」という言葉を贈りたいと思います。

3

前職のお客様を引き連れての転職は許されるか？

現在、金融機関にお勤めの方がＩＦＡに転職するにあたり、今の会社でお取引いただいているお客様を勧誘してもいいのか、という点は非常に気になるところでしょう。**前職でのお客様とコミュニケーションすることは、基本的には可能**です。それには、**そのコミュニケーションがお客様のご意向に基づいていることが必要**ですが、「お客様のご意向」で取引金融機関を変更するのであれば、法律上も、会社側はこれを妨げることはできません。

ただし、顧客の流出を防ぐため、大抵の金融機関は社員に対して、「会社の営業活動で知り合ったお客様を退職時に引き連れてはいかない」という内容の誓約書を書かせます。

第１章でも触れたようにネット証券とＩＦＡは親和性が高く共存しやすいのですが、

大手対面証券の場合、自社の抱える営業マンとＩＦＡの棲み分けは難しいといえます。大手対面証券は、正社員として多くの営業マンを抱えており、それでＩＦＡ事業に参入すれば、正社員とＩＦＡが営業でバッティングしたり、お客様がＩＦＡに流れてしまうといった事態も考えられます。そうした事態を防ぐため、社員に誓約書を書かせるのです。なぜなら、顧客の流出は会社存続に関わる死活問題だからです。

誓約書を出していれば法律上のリスクも

社員としては、たとえその勧誘がお客様の意向であったとしても、それを禁じる誓約書に署名したからには、それに違反することは法律上一定のリスクがあると言わざるを得ません。

では、どうしたらいいのでしょう。誓約書を会社から求められても、提出しなくてはならないという法的根拠はありません。ですから、**ＩＦＡへの転職を見据えているのであれば、誓約書を書かない、誓約書を拒否するというのが一番確実な対応策**だと言えるでしょう。

もし、会社に押し切られて提出したといった場合には、無効と判断されることもありますが、トラブルを避けるには最初から提出しないほうがいいと思われます。

各金融機関では今、社内規程の中に、「退職時に顧客を連れていかない」という内容を盛り込むといった動きも見られますが、これについても、お客様が自らの意向で「あなたについていきたい」と言っているにもかかわらず、それを拒まないといけないとまで社内規程で設けることは法律に違反します。

4 既存客頼りでは行き詰まる！新規開拓は超重要

IFAにとって、お客様は一生の財産であり、長くお取引いただけるお客様を持つことで、IFAのビジネスは安定したものになります。しかし、だからと言って、**既存のお客様との取引にだけ頼っていては、中長期的に考えたとき、必ず行き詰まるときがやってきます。**ところが実際には、既存のお客様に頼り切って、新規開拓を全く行なわないIFAが多いという現実があります。

私自身はIFAとして新規開拓を常に行なっていますが、お客様のもとを訪ねていて、私のようなやり方は少数派だということに気づかされました。お話を伺うと、皆さん、IFAが訪ねてきたのは初めてだとおっしゃいます。

新規開拓というのは、精神的にも肉体的にも非常にハードな仕事です。多くのIFAはおそらく、今いるお客様は当然しっかり面倒を見させていただくけれど、IFA

になって会社の重圧やノルマからせっかく解放されたのだから、辛い新規開拓などはやりたくないと考えるのでしょう。

それはそれで一つの考え方であり生き方なので否定はしません。しかし、**もしあなたが、10年、20年、さらにはそれ以上長いスパンでIFAとして成功することを考えるなら、新規開拓は絶対に欠かせない**というのが私の考えです。

長期で取引をしていれば、その間に様々なことが起こります。相場が変動してお客様がもう運用したくないと言い出すかもしれないし、お客様が突然亡くなってしまうこともあるかもしれません。代わりにご遺族が取引を続けたいと言ってくださっても、相続税を払うために証券を売り払って、残った資産はわずかという状況になる可能性だってあります。

先々どうなるかわからない中で、既存のお客様にだけ頼ったビジネスモデルがいかに危ういかは自明のこと。そう考えれば、お客様を新規に開拓していく必要性、重要性は言うまでもないことだと思うのです。

IFA業界全体の発展にも新規開拓は不可欠

私はこの本の中でたびたび、IFAという仕事の社会的意義に言及しています。その趣旨は一貫して、「IFAという仕事が日本で普及することで、投資が日本社会において一般的な営みとなり、経済が活気づくことにより、この閉塞した日本という国に希望が生まれる」ということです。この考えをもとに、新規開拓についても申し上げたいことがあります。それは、**新規開拓が、IFAという仕事が日本で普及するためにも、絶対に欠かすことのできない取組みだということです。**

IFAという仕事を世に浸透させるためには、当然、現時点ですでにIFAを知ってくださっている方に満足のいくサービスを提供し続けることも大事ですが、それ以上に、「まだIFAに関わったことのない人」をメインのターゲットとして、積極的にアピールしていく必要があります。そして、そのような人にリーチしていくためには、少なくとも現状においては、人海戦術が最も効率がいいのではないかと考えています。すなわち、できる限り多くのIFAが、**できる限り多くのお客様にアプローチ**

していくということです。なお、このときは特に、多くの資産を持っているリスク許容度の高いお客様にアプローチするとより効果的でしょう。

これは、ＩＦＡでも野村證券で働いていた時でも同じですが、**新規開拓なしでは何も始まらない**のです。最大手の証券会社でもお客様から信用を得ようと必死なのに、ＩＦＡが「どこかにいいことないかな」といった受動的な姿勢でいては、お客様など獲得できるわけがありません。**常に攻めの姿勢で、お客様を見つけるために行動する必要がある**のです。

そうしてＩＦＡという存在が多くの方の目に幾度も留まるようになれば、たとえ直接自分が担当することにはならなくとも、その中から未来のお客様が生まれる可能性も高まります。そうしてＩＦＡ業界が発展していけば、巡り巡ってＩＦＡ個人がその利益を実感できる瞬間は必ず訪れるでしょう。

ですから、ＩＦＡの皆さん、そしてこれからＩＦＡになろうと考えている皆さんには、どうかお力を貸していただきたいと思います。ＩＦＡ業界全体のために、ひいては日本という国のためにも、多くの人の力が必要なのです。

無理なくできる範囲で構いません。騙されたと思って一度でも取り組んでみていただければ、私は大変うれしく思います。

5

IFAだからこそできる新規開拓法

ここで、IFAが取り組むべき新規開拓の方法について詳しく説明したいと思います。

証券営業の経験がある人は新規開拓の方法はよくご存知でしょうが、異業種で働いている新規開拓の経験がない方のために、まずは代表的な方法をお伝えします。

新規開拓の方法としては、帝国データバンクや東京商工リサーチなどから購入するリストをもとに企業訪問するのが代表的です。このようなリサーチ会社に頼めば、業種や事業規模、業績など様々な条件検索でヒットした企業のリストを手に入れることができます。そのリストをもとに企業訪問をするのですが、コンタクトの取り方は人それぞれです。いきなり飛び込み営業をする人もいれば、最初に手紙を送ってから電話をする人もいます。

企業の担当者や社長にお会いするところまで漕ぎ着けたら、ここからが営業マンの腕の見せ所です。**多くの営業マンは、世間話の延長のように「この投資信託が売れています」といった一般的な話しかしません。直接お会いできる貴重な機会なのに、それではチャンスが台無しです。**そうではなく、自分がいいと思っている商品について、なぜいいと思っているか、なぜ今が購入すべきタイミングなのかという点をしっかりと示したうえでお薦めできれば、お客様にも「他の営業マンとは違うな」と思わせ、好印象を与えることができます。**常日頃から、自分がお薦めできる商品は何か、しっかりと考えを持っておくことが非常に重要**です。

さて、リストに話を戻すと、リサーチ会社のリストは有料であり、IFA法人側が用意してくれるのか、あるいはIFA自身で購入しなくてはいけないのかというのは、IFA法人の方針や雇用契約の内容により異なります。所属するIFA法人を選ぶ際には、こうしたリストを誰が用意するのかという点も確認しておきましょう。

なお、企業のデータはこのようにお金を払えば手に入りますが、個人の富裕層の方を見つけるのは実際のところ難しいです。ですから、企業や医療法人を中心にアタックし、そこで出会った企業の社長や役員、お医者様などと個人的にお取引してもらうというのが一般的です。

新規開拓ツールとしての「オカネコ」

以上で説明してきたのが、リストをもとに営業をかける従来のアナログ的方法ですが、私はここで一つ、IFAだからこそ活用できるデジタルな新規開拓の方法を皆さんにご紹介したいと思います。

オンラインで投資や資産形成の相談サービスを提供するプラットフォームはじわじわと増えていますが、私が非常に感銘を受けたのがフィンテック企業の株式会社400Fが手がける**「オカネコ」**です。今、業界からも非常に注目されていて、SBI証券でもIFAのために営業ツールとして提供しています。

オカネコは、100社500名以上のIFAや保険代理店、FPが登録しており、お金に関するさまざまな相談を受け付けているプラットフォームです。２０１８年11月にサービスを開始し、ユーザー（相談者）の月間平均登録数は約４万５０００人（２０２２年12月～２０２３年２月）、２０２３年３月９日時点でのユーザー数は30万人を突破しているとのことです。

オカネコでは、まず、お客様が匿名で預貯金や家族構成、現在の運用商品などの情報をチャット形式で入力します。そのうえで、「もっといい運用商品がないか悩んでいる」など相談したいことを投稿します。その相談を見たアドバイザーは、これは自分の得意分野だと思うものがあれば、チャットでご提案のコメントを残します。

オカネコは、アドバイザー側が料金を支払って登録するビジネスモデルで、月額３万円と5万円のコースがあります。お客様は実際に取引を開始するまでのチャット相談を無料で利用することができます。

チャットでやり取りをしたのち、お客様が同意した場合にはアドバイザーにお客様の個人情報が開示され、そこから具体的な取引相談を開始することになります。

オカネコが他のサービスと比べて何がいいかというと、**どうしたら契約に至るかを**

「オカネコ」の表示画面

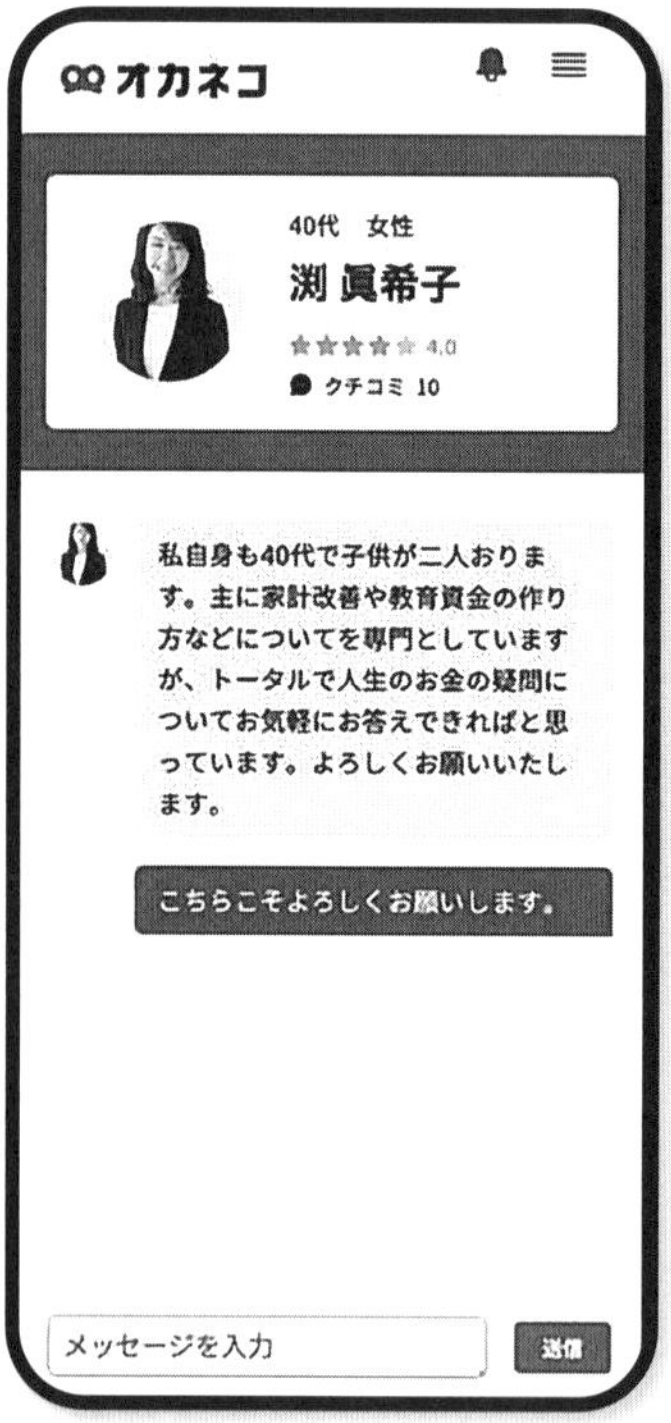

◀ユーザー（相談者）との
チャット画面

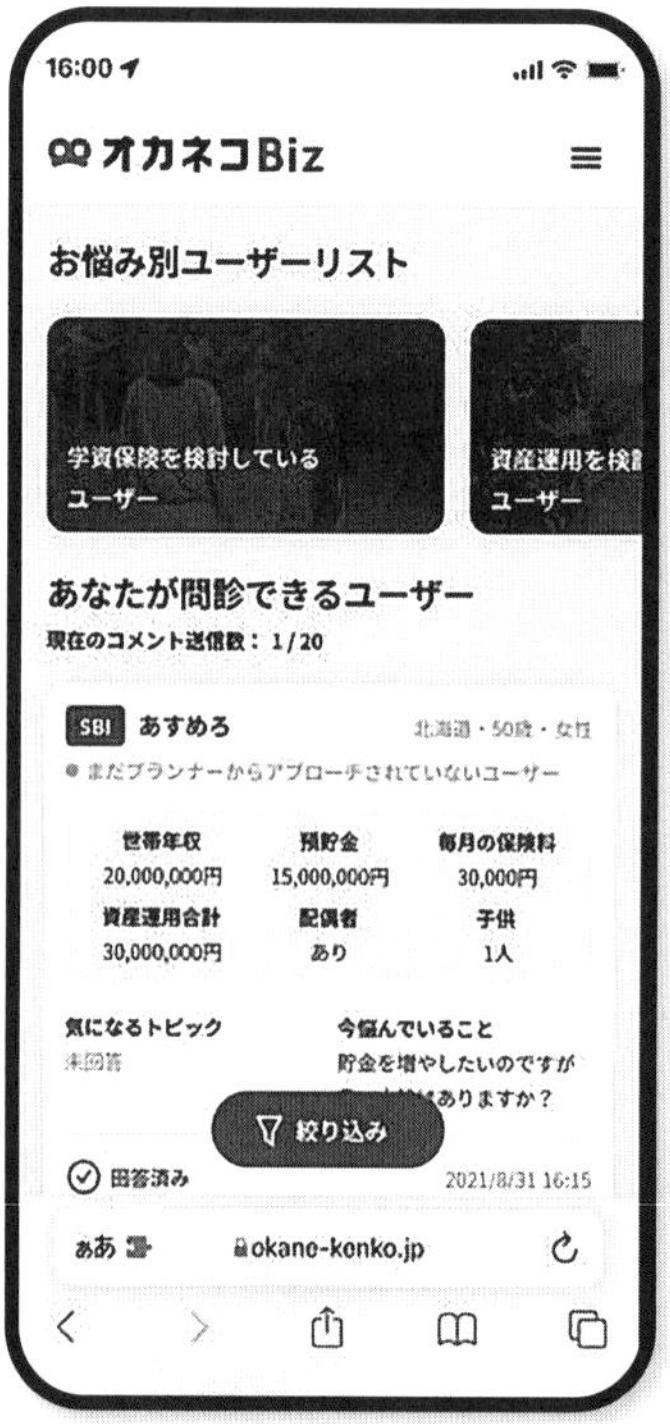

ユーザーリストの表示▶

真剣に考えてシステムが作られている点です。契約率実績は他のサービスと比較して抜群に高いといえます。実際の現場では本当に重宝されていて、オカネコというサービスがあるからＩＦＡになったという人もいるほどです。

契約に至る前段階であるお客様とのアポイントメント獲得率を見ても、金融資産１０００万円以上のお客様の場合で８・７％、５００万〜１０００万円のお客様では17％に達するそうです。一般に、電話営業でのアポ獲得率はよくて２％と言われますから、それに比べると、その獲得率は驚異的といえると思います。

お客様がいないから新規開拓をしなくてはいけないけど、コロナ禍もあるのに飛び込み営業しても大丈夫なのか、など様々な不安がある中で、オカネコはそういった新規開拓の障壁を見事に取り除いてくれます。

オカネコでは、お客様は最初、「おかねこ」というねこのキャラクターとチャット形式で会話をしながら年齢や家族構成、現在の金融資産額などを入力します。匿名とはいえ細かく個人情報を求められるのですが、「おかねこ」とのチャットということでお客様は入力しやすくなっています。最終的に「不動産を買おうかどうしようか迷っている」「老後の資金が心配」など、今どういう悩みを抱えているかというところまで入力します。

そこまで詳細にお客様の情報がアウトプットされるサービスはなかなかありません。最初のアプローチで「あなたの抱えている課題には、こういう解決策はいかがでしょうか」と、お客様が望んでいるものをご提案できる仕組みになっているので、「この人に会ってみたい」と思っていただけるまでが非常にスムーズになります。

しかも、一人のお客様に複数のアドバイザーがアプローチをしますから、お客様にとっては、それぞれのアドバイスを比較して、最も良いと思うアドバイザーを選ぶことができるわけです。

選ばれるアドバイザーになるために

現在、私の業務は、プレイヤーからマネジメントのほうに徐々にシフトしていますが、ＩＦＡのプレイヤーとしては、オカネコをよく活用させてもらっています。その際、お客様に、「何人からアドバイスを受けましたか」ということをよく聞くのですが、皆さん3〜4人のアドバイザーとオンラインで細かく質問のやりとりをされているようです。お客様も、提案される内容はアドバイザーによって全然違うということを理解しており、とことん質問して比較されている印象を受けます。

対面のアドバイザーだと、複数の提案を比較するには時間も手間もかかります。その点、このようなオンラインサービスなら簡単にセカンドオピニオンを取りにいくことが可能です。よくある相談サービスのように、知識がどれくらいあるのかや、専門分野や経歴もわからないアドバイザーが担当者になるわけではなく、**ITの力を使って、お客様がちゃんと知識を持ったアドバイザーを選べるようになっている**のです。

これまでは、お客様がアドバイザーを比較することは簡単にはできませんでしたが、オカネコのようなサービスが普及することで、従来の構造が崩れ、お客様がアドバイザーを選択できるようになってきています。これはつまり、不勉強なIFAは、いともたやすく見抜かれてしまうということでもあります。

ですからこれからのIFAは、**向上心を持って積極的に知識を増やし、お客様に選ばれる存在にならなくてはならないのです。**

6 クラウドファンディングとのシナジー効果

遅くなりましたが、ここで、皆さんの大きな疑問に一つ、お答えしておきましょう。皆さんは先ほどからこう思われているはずです。

「『株式会社クラウドファンディング』という会社がたびたび文中に登場するけれど、その割にはＩＦＡ法人としての話ばかりで、クラウドファンディングをやっている様子がない。これはどういうことなのか？」と。

答えは簡単です。

「設立当初のクラウドファンディング社は本当にクラウドファンディングのみを扱っており、ＩＦＡ法人としての登録は後から行なったものである」ということなのです。

この本はＩＦＡについて記したものなので必然的にＩＦＡ事業の話ばかりになっていますが、実際のところクラウドファンディング社はクラウドファンディング事業と

ＩＦＡ事業の両輪で企業を運営しており、かつ、これを大きな強みとしています。何を隠そう、この２つの事業は、新規開拓の面で絶大なシナジーを発揮するのです。

まず、クラウドファンディングについて簡単に説明すると、当社で扱う投資型クラウドファンディングは変動型の金融商品という扱いになります。

投資型クラウドファンディングではオンライン上で広く募集をするのですが、その際には、金融商品として厳しい法令のもとルールに則って資金集めをしなくてはなりません。

プロジェクトにお申し込みいただく際には、お客様の知識・経験・資産状況・目的について適合性の確認を行ないます。つまり、そのお客様の金融資産状況などの情報を入手したうえで、投資していただいていいかどうかを当社が判断します。流れとしては、プロジェクトに問い合わせいただいたあとに、当社から必要書類をお送りし、お客様の情報を記入して返送していただきます。そして、面談や電話でリスクなどについて説明して、お客様の状況に合わせてご購入いただいても大丈夫と判断できれば、我々が承諾を出します。

リスク許容度を超える額のご購入を希望されるお客様には、購入金額を下げていただくようにご提案することもあります。通常の投資における適合性の原則の確認と全く同じです。

我々にしかない強みに

さて、クラウドファンディングに投資いただいたお客様について、当社は資産状況を把握していますので、その後、ＩＦＡとして資産運用のサポートをしていくことをご提案することができます。

もちろんご本人へ「弊社はＩＦＡというサービスもやっているので、その話をしてもよろしいでしょうか」と確認して了承をいただいたうえで、「お客様のご資産額であれば、ほかの証券会社さんともお取引がおありと思うのですが、弊社のＩＦＡも比較していただけませんか」などとアプローチすることになります。

当社にしかない投資型クラウドファンディング商品で獲得したお客様は、その後、当社ＩＦＡがサポートしていくという一連の流れによって、クラウドファンディング事業とＩＦＡ事業を両方拡大できるのが他のＩＦＡ法人や証券会社との差別化のポイントになっているわけです。

もとはといえば**どちらの事業も「投資で世の中を良くしたい」という経営理念からスタートしたもの**ではあったのですが、今こうして、お客様が投資の選択肢を拡大されるのに一役買っていることを、私は誇らしく思っています。

7

チャットの一言にも細心の注意を

証券会社の営業マンだと、オカネコのようなオンラインプラットフォームは会社から利用が禁止されています。それはなぜかというと、社員の失言などのリスクを恐れているからです。

社員の不祥事は、最終的には会社が責任を取ることになります。価格変動商品にもかかわらず「この商品なら必ず儲かります」などと社員が発言すれば大問題です。金融商品取引法では、利益が確実であると誤解させる断定的判断の提供を禁止していますので、社員の問題発言の責任は社員の教育のあり方など会社全体に及びます。

もちろん、どのような状況でもそのような発言はあってはなりませんが、ソーシャルメディアの影響力には極めて強いものがあります。おそらく、証券会社の社員がチャット相談に乗るようなサービスは、これからも出てこないでしょう。

さて、ではIFAが変動商品に対しそのような断定的な表現をしたら、IFA法人や証券会社は責任が問われないのかといえばそんなことはありません。法律的にはIFA法人や証券会社まで責任は問われます。さらに言うと、証券会社はコンプライアンス体制ができているIFA法人としか取引しないとしているので、基本的にはIFA法人の監督責任が重いです。

ただ、IFA法人が個々のIFAと業務委託契約を結ぶとき、契約書には変動商品について断定的判断の提供はしてはいけないということが盛り込まれているはずです。契約書に記載されているのに発言してしまうというのは、本人の責任が一番重いということになります。**そこの責任の度合いは、証券会社の営業マンとIFAではIFAのほうがより重くなってくる**と思います。

特にIFAは個人の信用が重視される仕事です。問題発言があれば信用は傷つき、今後のビジネスにも影響が出ます。金融機関で働く人も同様ですが、**安易な発言は非常にリスキーであり、注意が必要です。**

8

IFAは「預かり資産フィー」で活動すべきか？

ＩＦＡの収入源はお客様にお支払いいただく手数料です。この手数料には、大きく分けて「売買フィー」と「預かり資産フィー」という2つの手数料体系があります。

売買フィーは、取引のたびに手数料が発生する方式です。売買回数が多いほど証券業者は利益を得られます。一方の預かり資産フィーは、売買の回数に関係なく、お客様から預かった株式や債券、投資信託といった金融資産（＝預かり資産）の残高に応じて、毎年一定額の手数料が発生する方式です。

こうした手数料体系については、IFA法人によって考え方に違いも見られます。

ＩＦＡ法人の中には、売買フィーに否定的で、預かり資産フィー重視を掲げるところもあり、実際、手数料は預かり資産フィーのみに限定しているＩＦＡ法人もあります。

これについては、どのように考えればいいのでしょうか。

近年では、欧米を中心に、証券業界の手数料体系は預かり資産フィーが主流となりつつあります。預かり資産フィーではお客様からの預かり資産が増えるほど証券業者の収益もアップするため、お客様との利益相反が起こりにくいと考えられるからです。さらに、証券業者からしたら、相場によって取引量が大きく左右される売買フィーを収益源とするより、預かり資産フィーの比率を高めることで収益構造の安定性が増すというメリットもあります。

ただ、ここからは私の考えになりますが、預かり資産フィーならお客様との利益相反が起こらないという理論については同意できません。預かり資産フィーを収益の柱とすれば事業の安定性が増すことは間違いないでしょうが、**お客様の利益という点では預かり資産フィーか売買フィーかということは全く重要ではない**と考えます。

今、手数料稼ぎのために無用な売買を繰り返させる「回転売買」が問題視されています。金融庁も、売買フィーによる手数料稼ぎの回転売買には警鐘を鳴らし規制を強化しています。

しかし、現場ベースの話でいうと、相場が上がろうが下がろうが、やたらに「売りましょう」「買いましょう」と言ってくる営業マンがいたら、それが手数料狙いであることは簡単に見抜かれます。そんな営業マンをお客様は信用しません。お客様は営業マンのいうことを鵜呑みにするほど、何も考えていないわけではありません。

つまり、回転売買というのは、お客様の満足度がよほど高くないとできるものではないということです。お客様満足度が何によって左右されるかと言ったら、やはりパフォーマンスです。**パフォーマンスが良くなければ、そもそも回転売買などできないのです。**

預かり資産フィーの落とし穴

預かり資産フィーの手数料体系が、証券業界にはびこっている回転売買という悪しき慣習を断ち切るための切り札だとみられているムードがありますが、**預かり資産フィーにも問題があります。それは資産を預けているだけで手数料が発生するという点です**（現金部分を除く）。

あなたがもし預かり資産フィーの手数料を選択していて、例えば5年間、資産を預けていたとしましょう。年間の手数料率が1・5%だとすると、5年間で7・5%（1・5%×5）の手数料を取られてきたことになります。そして今後も同様に、手数料をとられ続けます。

もし株価が買い値より上がっており、手数料を超える含み益が出ていたのであれば、何ら問題はないでしょう。ですが、株価が買い値より低い状況が続き、含み損が出ていたらどうでしょうか。預かり資産フィーの場合は、それでも変わらず年間1・5%、5年間で7・5%の手数料を取られることになります。1億円を預けていたのであれば、年間では150万円、日割では実に4000円程度が失われていく計算です。塩漬けにしていたつもりの資産でも、あたかも保存に失敗して腐っていくかのように、目に見えて減っていくのです。

あなたがもしこうした状況に置かれたなら、きっと預かり資産フィーより売買フィーのほうがよかったと思うのではないでしょうか。

これを営業マンの立場から言うと、極端な話、**預かり資産フィーであれば営業マンは何もしなくても手数料収入を得ることができる**ということになります。「だったら、何もしなくてもいい」と考える営業マンが出てきてもおかしくありません。

他にも、預かり資産が値下がりすればアドバイザーがもらえる収益も減って、逆に資産残高が上がれば、アドバイザーの収入も増える、だから預かり資産フィーはお客様とアドバイザーがウィンウィンの関係になるという理屈はたしかにそのとおりです。

ですが、冷静に考えてみてください。預かり資産の評価額が1億円から1億100 0万円に増えたとして、手数料率が1・5％だとすると、年間の手数料収入は15万円アップすることになります。そのうちの60％が証券マンにバックされるとしたら年収9万円のアップです。

それに対し、仮に新しく1億円を預けてくださるお客様を1人見つけてこられたらどうでしょうか。そうなれば年収は90万円のアップですから、証券マンにしてみれば、すでにいるお客様の資産を増やすより新規開拓をするほうが効率がよいことになります。したがって、**既存のお客様への対応はほどほどでよいという判断が成立してしまい、これはある意味の利益相反です。**

さらに言うと、**ボラティリティの低い、つまり値動きの少ない安定的な商品ばかりでポートフォリオを組もうとする意識も働きやすくなる**でしょう。値動きが激しいと、お客様から「すごく下がってるけど大丈夫？」「上がったから売ったほうがいいんじゃない」など連絡が多くなり、対応が大変だからです。お客様のリスク許容度や投資性向によっては積極的に値上がりを狙わなくてはいけないのに、自分の都合で安定運用に誘導しようとする意識が働きます。そのような考え方は言うまでもなく、お客様本位の業務運営とはかけ離れています。

ここまでの話を総合すると、要するに、預かり資産フィーと売買フィーには一長一短があり、預かり資産フィーが本当にお客様にとって最善なのかというのは議論が分かれるところだということです。繰り返しになりますが、私から言わせれば、お客様の利益を考えたとき、預かり資産フィーか売買フィーかは関係ありません。

実務面の話をすると、実際にお客様と取引をするときの手数料を預かり資産フィーにするか売買フィーにするかというのは、１９９９年に上場有価証券の委託手数料が自由化となって以降、お客様との話し合いの中で決めることができるようになりました。

ただ、そうは言っても日本では、まだまだ売買フィーが主流。預かり資産フィーを推奨する楽天証券が、他社に先駆けて預かり資産フィーの手数料体系を確立していますが、中心はやはり売買フィーです。

今後は、他の証券会社も預かり資産フィーの体系を確立し、いずれ日本でも預かり資産フィーが主流になっていくかもしれませんが、選択肢を持って、お客様の状況に合わせて臨機応変に対応していくのが最良でしょう。

9 そもそも「仕組み債」は悪なのか？

回転売買と同様に、証券業界で最近特に問題視されているものに「仕組み債」があります。仕組み債とは、一般的な債券にない特別な「仕組み」をもつ債券のことです。この「仕組み」とは、スワップやオプションなどのデリバティブ（金融派生商品）のことをさします。

仕組み債については、市場の急変で顧客トラブルが増えており、金融庁などから問題視されています。しかし、金融商品に本来、悪い商品などありません。**トラブルの原因は、販売時の不十分な説明にあり、損失が出たときにお客様が「騙された」と思ってしまうことにあります。**

仕組み債の中でも多く発行されているのが、株式オプションを組み込んだ「ＥＢ債」です。株価変動が一定の範囲内であれば、通常の債券と同じように利子を受け取ることができるという商品です。

　株価が半分に下がるまでは発行体の会社が元本保証して利子ももらえるというＥＢ債であれば、株価が３〜４割下がっても元本は１００％戻ってくるし、利子ももらうことができます。つまり、通常の株式を買うよりも安全性は高まっているのです。**市場で売られるＥＢ債のほとんどは、このような通常の株式よりも安全性が高い商品**です。

　ただし、商品自体は非常に優れた特性を持っていますが、「絶対に安全」というわけではありません。安全性が高まっているからこそリスクについてはより慎重に説明しなければなりません。先ほどの商品の例なら、株価が６割下がれば６割損します。それなのに、「この商品は絶対に損しません」と言い切って売ってしまう営業マンがまれに出てきてしまうのです。

「お客様が理解しているか」が最重要

　この際ですから明言しておきますと、**「仕組み債」という商品自体が悪いなどとい**

う話は本来的にありえないものです。

仕組み債の中身をリスクの高い商品にするか低い商品にするかというのは、あくまでお客様が選べることです。それで損をしてしまったからといって、仕組み債という〝パッケージ〟を悪者のように言うのは、たとえて言うなら、有害なアプリをインストールしてしまったからと言って、スマートフォン自体を悪者扱いするようなものだと言えるでしょう。

また、もしその有害なアプリを誰かに薦められて、十分に説明を受けずにインストールしたのだとしたら、それはその薦めた人に問題があったと言わざるを得ませんが、それと同じで、**営業マンがそのリスクについて十分な説明を行なうことなく仕組み債を販売したのであれば、営業マンは責任を問われます。**

その際「いや、私は説明したよ。あなたが聞いていなかっただけでしょ」という言い訳は通りません。商品を販売する以上、お客様には説明を尽くし、確実にご理解いただかなければなりません。

なおかつ、かといって説明さえすれば何でもかんでも売っていいわけではないことも、改めて認識しておく必要があります。例えばご高齢の方に長期の保有が前提となる仕組み債を販売するだとか、金融資産に万一のことがあると以降のライフイベントに支障が出るようなお客様に価格変動のリスクが高い商品を売るだとか、そういったことは「適合性の原則」に反することになります。仕組み債に限らず、これらは当たり前のことです。

マイナスのイメージを払拭していく努力を

必ずしも利益が出るというものではないですし、流動性も低い金融商品となりますが、例えば、日本の金利が異常に低いということを活用して米国や豪州との金利差で作られる為替の仕組み債は大人気商品でした。それが、他国通貨の金利上昇によって復活するという好機が到来しているにも関わらず、仕組み債への取り締まりが強化されているという、大変口惜しい事態になっています。

過去に悪目立ちしてしまったことで、仕組み債は何かと注目されがちですが、本来は身近な変動商品である株や為替と同じく、リスクを含むというだけのものです。I

FAが存在感を増してきている今だからこそ、営業マン一人一人がモラルと商品説明

力の向上に取り組み、仕組み債に対するマイナスのイメージを払拭していく努力が必要だと私は考えています。

第4章

IFAがつくる未来
――これからの日本人の資産形成のために

Independent Financial Advisor

1

IFAがお客様の資産のすべてを担う時代

今の日本人の資産形成における問題として、大手証券や大手銀行の看板を持った営業マンの言うことを鵜呑みにしてしまう人が今なお多いということが挙げられます。「野村證券の人なら、変な人じゃないでしょうし、いろいろ勉強もしているでしょう」と、会社の規模や肩書きから、何となく「この人の言うことを聞いておけば大丈夫だろう」と思っているお客様が多いということです。

日本人の持つ個人金融資産は増え続け、2021年には初めて2000兆円を突破しました。これだけ個人金融資産が多い国にもかかわらず、営業マンを会社の看板だけで判断してしまう人が非常に多いのです。

それに加えて、最大の問題は、勉強もせず、手数料稼ぎに走る営業マンが少なくないということです。「証券会社の人が言うとおりに買ったけど値下がりしたし、後から考えると手数料稼ぎの提案だったことがわかった」というのはよく聞く話です。

「貯蓄から投資へ」の流れが加速しないことの根源には、信頼できる相談相手がいないという問題もあると思われます。

ＩＦＡという存在が起こす構造変化

今、ＩＦＡという存在が広まってきて、そうした構造に変化が起こっています。これまで証券マンや銀行員は、勉強しなくても大手の看板だけで信用していただける部分があったのですが、ＩＦＡは大手の看板を持ちません。お客様からの信頼を得ないとビジネスにならないため、一生懸命に勉強をしなくてはなりません。転勤がないので、一生のお付き合いをするつもりでパフォーマンスも真剣に考えます。

そうしたＩＦＡが台頭し、さらにＩＴの普及によりアドバイザーを気軽に比較できるようになったことで、**個人金融資産2000兆円を抱える日本人がやっと信頼できるお金の相談相手と出会うことができるようになってきました。**

今はまだ、リテール（個人投資家向け）部門の証券販売チャネルとしては大手証券会社がメインですが、**これからはＩＦＡがどんどん存在感を強めていく**ことでしょう。そして、ＩＦＡがお客様の資産のすべてを担う時代も現実のものとなってくるはずです。

ＩＦＡが増えるということは、当社としては競合相手が増えることにもなりますが、そのことはそれほど問題ではありません。今ここで、お客様のことをきちんと親身に考える営業マンがいるのだということを世の中に広めて、証券市場を活性化させることが何より重要だと考えています。

2 個人金融資産2000兆円をＩＦＡが動かす

アマゾン、アップル、フェイスブック（現メタ・プラットフォームズ）、テスラ――。アメリカでは、人々の生活を激変させる技術やサービスを生み出す企業が次々に誕生しています。

アメリカに次いで世界で二番目にお金を持っている日本で、なぜこのような新興企業が誕生しないのでしょうか。私は、日本人が投資に消極的であることが、革新的な企業が誕生しないこと、ひいては「失われた30年」と揶揄される日本経済の停滞の要因であると確信しています。そして、**日本人が投資に消極的な根本的原因として、「コーポレートガバナンス」への無関心があると**思っています。

会社の株を買うことは、その会社のオーナーになるということです。だから、株主は議決権を持っています。議決権とは、決算の承認、取締役・監査役の選任など、重要な議案への投票権です。たくさんの株を持っているほど議決権も増えますから、その分、会社への影響力は大きくなります。企業からすると、株主は企業経営について提言・監視する、つまりはガバナンス能力を持つ非常に重要な存在なのです。アメリカでは、「モノ言う株主」は、適切なアドバイスを行ない、企業価値を高める優秀な人物であるとみられています。

株主になると、議決権行使書が自宅へ届きます。これは、株主総会の入場券の役割を持つものです。株式総会に出れば、議案について賛否の投票はもちろん、経営陣に意見や質問を直接投げかけることもできます。株主総会に出られない人は、議案についての賛否を議決権行使書に記入して返送することで、意思表示することができます。

議決権行使書は、どこの証券会社と取引していても、証券会社経由ではなく、企業から直接株主の元へ届きます。それは法律で決められていて、それほど重要なものだから、きちんと株主に届けなくてはいけないということなのです。

それなのに、日本の株主たちは、経営に参加できる権利、コーポレートガバナンスに興味を持っていません。株主自身が、自分たちの持つ影響力の強さを理解していないということです。株を持つ目的は利益だけではありません。経営に参加して、世の中から求められる企業に育てていけるというのも株主の立派な権利なのです。

先ほど挙げたアメリカの企業は、投資家からお金を集めて、最初は何千億という赤字を出しています。そのような期間を乗り越え、今は時価総額の世界ランキングの常連になるほど巨大企業に成長しています。投資こそが、このような革新的な企業を生みだします。**日本が長らく続いた経済低迷から脱し躍進するためには、絶対に投資が不可欠**なのです。

リスク・リターンの関係上、銀行はベンチャー企業においそれと大金を貸してはくれません。だからこそ投資が必要なのに、投資が定着していない日本にはチャレンジを受け入れる土壌がありません。その状況が、「あんな経営者になりたい」「こんな商品があったらもっとみんなの生活が豊かになるんじゃないか」といった夢を持つことすら難しくしています。

「投資はギャンブルだ！」という認識を持っている人は今もなお多くいて、若い人たちが夢を持つことや経済発展の可能性を潰してしまっていることはすごくもったいないと思っています。

投資を通じて世の中を良くする

日本には資源が少なくて、エネルギー自給率はおよそ10％、食料自給率も年々下がり40％弱と、多くを輸入に頼っています。教育の面でも世界大学ランキングでは欧米の大学が上位を独占していますし、GDPは中国に圧倒的な差で抜かれています。人口も減っていて少子高齢化に歯止めがかかりません。

唯一、日本にあるものといえば、お金ぐらいしかないのです。日本は世界で二番目にお金を持っている国です。それなのに、金融教育を学校で受けないこともあり、お金の使い方があまり上手ではありません。

お金についてきちんと学んで、もっと上手に世の中のために使えるようにマインドを変えられれば、起業家たちが増え、夢を持つ人がすごく増えるはずです。そして私は、**自分たちの力で誰もが夢へと挑戦できるような世の中に変えていきたい**と本気で思っています。

だから私は、起業家たちが「お金がないから諦める」という選択をしないよう、資金調達のインフラを作るためにクラウドファンディング社を立ち上げました。もっともっと日本人に投資の素晴らしさを知ってほしいからです。

遅すぎる感もありますが、２０２２年４月から日本でも高校で金融教育が必修化され、ようやく金融教育が本格的にスタートしました。政府が本腰を入れて、日本人全員の金融リテラシーの向上に向けて取り組んでいるのは非常にいい流れだと思います。

日本人が投資を好きになれば、経済は活性化して、生活をより豊かに便利にしてくれるモノやサービスを生み出す企業がアメリカのように次々と誕生するでしょう。

「投資で社会を良くすることができる」ということを広く世の中に伝えるのも、ＩＦＡの重要な社会的意義です。日本人の個人金融資産２０００兆円を活用して日本経済を盛り上げるよう、個人投資家たちに働きかけなくてはなりません。

3 IFAがコーポレートガバナンスを強化する

日本では「モノ言う株主」が少ないことが企業の既得権益を生んでいる大きな要因の一つです。つまり、外部から文句を言われないから、経営陣が経営を頑張ろうとしないのです。

日本では、中期経営計画すら作っていない会社が非常に多いですが、それは、中期経営計画として具体的な数字を設定すれば、達成できなかったときに文句を言われるということが大きな要因と考えられます。

また、創業家一族の経営する歴史のある会社では、創業から時間が経つとやる気のあるオーナー社長がいなくなってしまうという問題もあります。これは、先代が保有していた株を相続財産として受け取った次の代が、株式を売って、その売却代金で相続税を納税するという原理が働きやすいためです。創業者が亡くなり、会社を引き継いだ子や孫も亡くなると、創業者一族の持ち株比率はどんどん低下します。

つまり、創業からある程度時間が経つと、会社の経営者がオーナー社長ではなく、外部から雇われたサラリーマン社長になってしまうのです。自身も株を保有しているオーナー社長なら株価を気にしますが、サラリーマン社長は持ち株があったとしても少ないのであまり気にしません。サラリーマン社長は自分の任期をつつがなくこなせればいいという意識が働きやすく、リスクをとって何かをやろうという気概のある人が減ってしまいます。

本来なら、中期経営計画を作らなかったり、トップがいい加減な経営をしていたりする場合は、株主が経営参加の権利を行使しなくてはなりません。高額な役員報酬をもらっている立場でありながらそれではダメだと、リスクがあってもチャレンジしなければいけないのだということを株主側が経営陣に言わなくてはいけないのに、そのことが全くと言っていいほどできていません。

私はこれまで、何十回と株主総会に足を運んできましたが、株主総会への出席者は非常に少ないと感じます。小さい会社だと、取引先の人３人だけなどということもザラです。

繰り返しになりますが、**そんな個人投資家の意識を変えなくてはいけないのです。その役目は、お客様の誰よりも近い相談相手であるIFAが担っていかなくてはなりません。**投資というのは会社を買っていることなのだと、会社の成長が自分の資産形成にもつながるのだと、リスクマネーを供給することがチャンレジを生むことなのだと、IFA自身の言葉で投資家の皆さんへ語りかけてください。

そして、さらに言えば、個人投資家だけではなく企業への働きかけも重要です。企業へ個人投資家の声を届けなくてはなりません。**IFAが企業と個人投資家の橋渡しとなるのです。その橋渡しとなるための新しい挑戦を、私は始めました。**

個人投資家の要望をまとめて企業へ

私が始めた挑戦——。それは、以下のようなものです。

まず、個人投資家に対しては**企業レポートを独自に作成**することを始めました。

野村證券時代からやっていたのと同じように、気になる株式銘柄があればＩＲに電話をし、時には直接訪問もしていろいろなことを教えてもらいます。事業内容、同業他社、取引先、どれだけ競争優位性があるのか、参入障壁はどうなのか、コストパフォーマンスはどうなのか、そういったことを徹底的に調査します。

そうして得た情報をレポートにまとめて、提携している証券会社にも広告審査を出して、問題ないという承諾を得てから、投資家の皆様にお渡ししています。お客様からは、企業のホームページや決算資料を見るだけではわからないことが本当によく調べてあると非常に好評をいただいています。このようなレポート作成は他のＩＦＡ法人はどこも行なっていないのではないかと思います。

次に、企業側への働きかけです。

企業が正しい方向に成長していくためには、「モノ言う株主」が必要ですが、日本では稀有な存在です。ＩＦＡの立場として、モノ言う株主を増やすにはどうしたらいいのか。それを考えてたどり着いたのが、個人投資家がモノ言う株主になれないのなら、ＩＦＡが代わりになればいいじゃないかということでした。

その活動の一環として、**ＩＦＡが投資家を代表して要望書を企業に提出する**ということを始めました。

株主の皆さんが企業に対して抱えている要望や不満を丁寧にヒアリングして、クラウドファンディング社が要望書という形にまとめ企業へ提出します。ＩＦＡが個人投資家の代弁者になるということです。もちろん、株主総会へ出席して、投資家の代弁者として直接提言などをすることもあります。

実際、このような活動が、企業の経営姿勢を変える事例も出てきています。クラウドファンディング社からの働きかけを受け、他社との資本業務提携に踏み切った企業もあれば、増配を行なった企業、上場から約60年、一度も作成したことのなかった中期経営計画を作成したという企業もあります。株主によるコーポレートガバナンスに則って経営していくことの重要性が企業に伝わったということだと思います。

今はまだクラウドファンディング社1社のみの取り組みなので、企業へのインパクトは小さいかもしれません。しかし、これがＩＦＡ法人全体に広がっていけば、個人投資家の声はどんどん力を増していきます。

こういった活動が、クラウドファンディング社だけにとどまることなくIFA業界全体に広がっていくことを、私は願っています。**企業レポートの作成や個人投資家の皆さんの要望書の作成は、一朝一夕にできる仕事ではありません。でも、その労力を惜しむことなく、IFAにはこの橋渡しの役を担ってほしい**のです。そうすれば経営陣にとっても、個人投資家が無視できない存在になるはずです。それこそ、企業と投資家の本来のあるべき関係です。

上場会社のご機嫌をとらなくてよい独立した立場であるIFAだからこそ、投資家サイドに立って動くことができます。改めてIFAという仕事について考えてみると、何のしがらみもなく世の中のために正しいこと、やるべきことができる職業だと実感します。**個人投資家と企業側、双方への働きかけは今後もどんどん活動の幅を広げていくつもりです。**

4

新ＮＩＳＡがＩＦＡ躍進の追い風に

　ＩＦＡの今後を語るうえで無視できないのが**新ＮＩＳＡの存在**です。この本を手にされている皆さんには言うまでもないことですが、ＮＩＳＡとは日本人の資産形成を促進するための税制優遇制度です。通常、株式や投資信託の売却益や配当、分配金には20・315％の税金がかかるのに対し、ＮＩＳＡ口座での投資にはそれらの税金がかかりません。

　例えば、10万円の株の売却益が出たとしても、通常だと税金が引かれて手元に残るのは８万円弱です。それがＮＩＳＡ口座なら、丸々10万円が自分の利益になります。国民が資産運用を始めやすいように、非課税というインセンティブを政府が設けたということです。節税効果が絶大で、資産形成に拍車がかかる素晴らしい制度です。そのＮＩＳＡ制度が、２０２４年に生まれ変わります。

具体的には、ＮＩＳＡのこれまで年間の非課税枠は、一般ＮＩＳＡが１２０万円、つみたてＮＩＳＡが40万円でしたが、２０２４年からの新しいＮＩＳＡでは、**成長投資枠（現在の一般ＮＩＳＡ）として年間２４０万円、つみたて投資枠（現在のつみたてＮＩＳＡ）として年間１２０万円の非課税枠**が設けられることになり、**年間で最大３６０万円の非課税枠が利用できる**ことになりました（ただし、生涯通算の投資上限額は１８００万円とされ、うち成長投資枠の上限は１２００万円とされています）。

また、ＮＩＳＡで新しく投資を始められるのは、令和２年度の税制改正により、一般ＮＩＳＡが２０２８年まで、つみたてＮＩＳＡが２０４２年までとされていましたが、これが**無期限となり、恒久化**されることになりました。

「貯蓄から投資へ」の観点で見ると、ＮＩＳＡほど大成功したケースは過去にほとんどありません。実際にＮＩＳＡ口座数は伸び続け、政府の思惑どおり、国民の資産形成をしっかりと後押ししています。**今回の新ＮＩＳＡの登場により、日本人の資産形成がますます加速することは間違いありません。**

「資産運用が当たり前」の時代

今までは、野村證券の入りにくい店舗に足を踏み入れて、高い手数料を払って投資をしたいという人は少数派であり、投資は興味がある一部の人だけがやるものという文化が日本には根付いていました。しかし今は、全員が自分の資産は自分で運用する時代になっています。ネット証券も十分に普及し、自分で手軽に、気楽に金融商品を選んで投資できるようになっています。

すでにＮＩＳＡによって国民の資産運用の機運は高まっていますし、証券業界も非常に盛り上がっていますが、今回の新ＮＩＳＡにより、多くの人にとって資産形成はますます身近なテーマになり、非課税枠を使い切るくらいは投資しようと考える人は増えるのではないかと期待しています。

そして、**今回の新NISAの登場はIFAにとっても追い風**となります。お客様からのオーダーをいただくときに、ＮＩＳＡ口座で買うこともできますから、これまで少額取引だったお客様にも「投資をするならＮＩＳＡが絶対にいいので、ＮＩＳＡ枠を使い切るまで投資してみませんか？」などとご提案することができます。ＩＦＡの躍進にＮＩＳＡは切っても切り離せないくらい深く関わってくるでしょう。

このような改革が起これば起こるほど、特に若い人が中長期的に取引しやすくなります。今後は「オカネコ」をはじめとするオンラインサービスと絡めて、資産運用を始めようか悩んでいる若年層にＮＩＳＡの利用を促すなど、お客様との接点を効率的に持てるようになると予想しています。

5

最良のＩＦＡになるために

本書でも繰り返し述べていますが、今の証券マンは勉強が圧倒的に足りていません。**今後のＩＦＡ躍進には、証券マン全員の知識量とリテラシーの向上が急務**です。

証券会社の営業マンの多くがどのように商品を売っているのかというと、お客様と世間話をしながら、「この投資信託が人気ですよ」「外貨建ての債券なら為替のリスクはありますが金利が高くておすすめです」程度のことを繰り返し言っているような感じです。

そもそもリスクが高く、お客様トラブルが発生しやすい個別株は上司から売るなと言われていることも多いですから、基本的に株のことは勉強しません。実際のところ、多くの証券マンは日経新聞を読んでいるかどうかというレベルで、お客様のほうが経済や市況について詳しいことが多いのが実態です。

リテール部門の顧客層は、高齢者から徐々に若い人に広がり、ネット証券も普及しています。ネット証券なら安い手数料で購入できるのに、高い手数料を払ってろくに勉強もしていない証券マンから購入することに何のメリットがあるのかという問題はすでに指摘されています。金融の世界は変わらなくてはならない状況なのに、いまだに勉強をしていない証券マンばかりです。

それでも、商売が成り立ってしまう背景には、大手証券会社の営業マンなら勉強していないわけがないだろうというお客様の過信が未だにあるのだと思います。

医者にたとえるなら、医師免許を取るまではものすごく勉強したけど、ここ10年間は勉強をサボっているような人でも、病院はなかなか潰れません。なぜ病院が潰れないのかと言ったら、知識の深さは外部からは簡単にはわからないからです。医者だから病気に詳しくないわけがないだろうという患者側の過信があり、だから勉強をしていない医者のいる病院であっても、なかなか潰れることはないのです。

しかし、証券業界はすでにお客様がアドバイザーを選ぶ時代に移り変わりつつあります。**自ら学ぼうとしない証券マンがお客様から見限られるのは時間の問題**です。

自分の目と耳と足で情報を取りに行こう！

さて、本書の中で私は、口を酸っぱくして「勉強が必要だ、勉強が必要だ」と言い続けてきました。それだけに、「だったら、どんな勉強をしたらいいか教えてよ」という読者の声が聞こえてきそうです。ですのでここからは、僭越《せんえつ》ながら、金融業界の皆さんに実践してもらいたい勉強法のヒントをお伝えしたいと思います。

本来であれば、**すべての証券マンは、投資先について徹底的に調べることをやるべきだ**と私は思っています。ネットで情報を集めるのは当然のこととして、株式ならIRに電話をして企業訪問をしたり、投資信託ならファンドマネージャーに連絡したりして、**自分の目と耳と足で情報を取りに行くべき**です。むしろそこまでやらないと、証券マンには何の価値もないと思っています。

株式を例にすると、私が約4000銘柄ある中からどのように良さそうな銘柄を見つけるのかというと、まずは**スクリーニング**です。割安銘柄を見つけるために、ＰＥ

RとPBRが何倍以下という基準でフィルタリングします。そこからさらに業績の進捗率や成長率などを調べ、銘柄を絞り込みます。そうして洗い出したのち、実際にIRに問い合わせたり、訪問して社長にお会いしたりしていろいろなお話を伺います。

いろいろな会社に情報を取りに行く中では、想像どおりお客様に自信を持っておすすめできる銘柄もあれば、期待を下回ってしまう銘柄もあります。例えば、会社に訪問したときに従業員がイキイキ働いている会社や、明確な目標が感じられる会社はやはりその後も成長することが多く、従業員に元気がなかったり、目標が明確でない会社はあまり伸びないという経験則があります。

ただ、結局はどんな観点にせよ、公にされている数字からだけではわからないことを調べに行くというところにこそ、投資を考えているお客様に提供すべき、付加価値のある情報が隠れているのではないかと思います。

ここでご紹介した勉強法はほんの一例です。勉強の仕方に正解はありません。IFA一人ひとり強みも得意分野も異なります。私の勉強法に賛成できない人もいて当然です。一人ひとりが試行錯誤しながら学んでいってほしいのです。

簡単ではありませんが、一種の哲学のような、お客様に価値を提供したいという想いがあったからこそ私も野村證券時代にトップの成績を取れたのだと思いますし、**しっかり勉強してお客様に付加価値をご提供できる人だけが真の信頼を勝ち取り、IFAの世界でも生き残っていく**のだと思います。

おわりに　～これからＩＦＡを目指す方へ

ＩＦＡは、この国の未来です。

私は本気でそう思っています。

本文中で何度も述べてきたとおり、**ＩＦＡという職業は、それ自体様々な魅力があるだけでなく、日本社会を変えうる絶大な社会的意義を帯びています。**それはまさに、この国に投資という営みが根付き、新たな夢や可能性に挑戦する人々が社会全体で歓迎され、この停滞した国が本当の意味での金融大国へと生まれ変わるような、そんな希望のはじめの一歩です。

ですから、ＩＦＡという仕事を、収入や自由な働き方だけで評価するようなことはどうかしないでください。

確かにＩＦＡは儲かるかもしれません。あなたについてくるお客様がいらっしゃるなら、ＩＦＡになった途端に年収が10倍になるかもしれません。億を超える年収になる可能性だってあります。儲かりすぎて、人生観が１８０度変わってしまうようなこともあるでしょう。

しかしながら、ＩＦＡはそのような理由だけで続けられる仕事ではありません。実際に仕事をするにあたってのマインドセットとしては、そもそも「順番が逆」なのです。

つまり「お金を稼ぎたいから大口のお客様を引っ張ってくる」というのではなく、「一生のお付き合いになるお客様を持つことで、その分、自分の生涯年収も増える」という、目先の数字にとらわれない、ある種の大局観が必要です。それくらい余裕をもって構えていなければ、お客様からの信用は得られません。

そして、**その余裕がなぜ生まれるのかと言えば、それはＩＦＡという仕事を高収入という条件だけで見ることなく、仕事自体に誇りをもって、情熱を注いでいるからに他ならないのです。**

その点をご理解いただいたうえで、ＩＦＡとしてお客様に貢献したいという思いがあるのなら、ぜひこの世界に足を踏み入れてみてください。そのときはくれぐれも、徹底的に所属したいＩＦＡ法人を調べ、検討し、ご自分の現状に合った場所を見つけるようにしてください。そしてその際、よろしければ、クラウドファンディング社も候補に入れていただけると大変うれしいです。

クラウドファンディング社は、「投資を通じて世の中を良くしていく」というビジョンのもと、ＩＦＡ法人を運営しています。

もちろん世の多くのＩＦＡ法人にはそれぞれ個性があり、業務内容も様々に異なっているでしょうが、クラウドファンディング社は、名前のとおりクラウドファンディングを含めた多様な金融商品や、投資先企業の価値向上を期したアクティビスト活動などの、他の環境ではそうそう見ないユニークな取組みを行なっていることが特色です。ＩＦＡ法人の選択にあたっては、こうした様々な取組みについてもご注目いただければ幸いです。

末筆ではありますが、この本を執筆するにあたりご助力いただいた方に、この場を借りてお礼を申し上げたいと思います。

近代セールス社の飛田浩康さん、編集にご協力をいただいた永井志樹子さんには、大変辛抱強くお付き合いいただきました。私が自らの妥協を許せず何度も修正案を上げるのに最大限対応していただけたことで、満足のいくクオリティで出版に至ることができました。

SBI証券の金井昌樹さん、繁澤憲太郎さんには証券会社の視点から、クラウドファンディング社の顧問弁護士である大塚和成さんには法律家の視点から、この本を精査いただきました。おかげさまで、金融分野の本にありがちな厳めしさを払拭しながらも、内容も充実させることができました。

そして何より、私が信頼してやまないクラウドファンディング社の皆さんには、常日頃から支えてもらっていて感謝の念が尽きないのですが、特にこの本には、インターン生の入江祥仁くんと萩原翔大くんにかなりの労力を割いてもらいました。彼らの金融業界への興味や、日本経済を良くしたいという当事者意識の高さが、本書を作り上げています。

皆様のご支援があって初めて、この本を完成させることができました。重ね重ね、心よりお礼申し上げます。

長くなりましたが、ここまでお読みくださりありがとうございました。
この本が皆さんの人生の糧となりましたら、それにまさる喜びはありません。
またどこかで、願わくは恵比寿のオフィスで、お会いしましょう。

【著者紹介】

伊東 修（いとう・おさむ）

株式会社クラウドファンディング代表取締役社長。

中学時代に投資の世界に生きることを決める。2002年に野村證券株式会社に入社。「自らの新規開拓した顧客のみで、３年連続全国同期中トップ」という、同社史上初の営業成績を収める。

2006年にヘッドハントされ、米モルガンスタンレー証券に入社。機関投資家営業や事業法人営業に従事し、2008年には同社のヴァイスプレジデントに昇格する。

2013年に独立し、株式会社クラウドファンディングを創業。2014年に第２種金融商品取引業（電子募集取扱業務）を登録。インターネットで事業投資ができるプラットフォーム「jitsugen」と、投資先企業に対し「要望書」を提出する等の企業価値向上へ向けた働きかけを行うプラットフォーム「投資のパートナー」を作り上げる。

2017年にはクラウドファンディング社をIFA法人として登録。以来、自分自身もIFAとして活動し、SBI証券・エース証券の両方で年間トップの成績を収めている。また、投資先である株式会社おいしいプラスの代表取締役社長も兼任している。他の著書に『本音だけで売れる』（電子書籍・きこ書房）、『投信の売り方』（近代セールス社）がある。

優秀な証券マンがＩＦＡに転身するワケ

2023年７月26日　発行

著　者――伊東 修
発行者――楠 真一郎
発行所――株式会社　近代セールス社
〒165-0026　東京都中野区新井２-10-11
ヤシマ1804ビル４階
電話(03)6866-7586　FAX (03)6866-7596

装丁・ＤＴＰ―井上　亮
編集協力―――永井志樹子
印刷・製本――株式会社三友社

ISBN978-4-7650-2368-9